2022 年度山东省基础教育教学改革重点项目阶段性成果

孤独症教育教学指导手册

主编　郑　芳

西北大学出版社

·西安·

图书在版编目（CIP）数据

孤独症教育教学指导手册/ 郑芳主编 . --西安：
西北大学出版社，2025. 7. -- ISBN 978－7－5604－5728－4

Ⅰ. G766－62

中国国家版本馆 CIP 数据核字第 202585R51N 号

孤独症教育教学指导手册
GUDUZHENG JIAOYU JIAOXUE ZHIDAO SHOUCE

主　　编	郑　芳
出版发行	西北大学出版社
地　　址	西安市太白北路 229 号
邮　　编	710069
电　　话	029－88303310
网　　址	http：//nwupress. nwu. edu. cn
电子邮箱	xdpress@ nwu. edu. cn
经　　销	全国新华书店
印　　刷	陕西瑞升印务有限公司
开　　本	889mm×1194mm　1/32
印　　张	3. 5
字　　数	57 千字
版　　次	2025 年 7 月第 1 版　2025 年 7 月第 1 次印刷
书　　号	ISBN 978－7－5604－5728－4
定　　价	36. 00 元

如有印装质量问题，请与本社联系调换，电话 029－88302966。

前　言

　　在特殊教育领域，孤独症教育既是一项充满挑战的事业，更是一份承载希望与责任的使命。作为深耕孤独症教育实践的专业团队，青岛市晨星实验学校自 2017 年建校以来，始终秉持"尊重差异、支持成长、全人教育、适宜发展"的育人理念，以科研为引领，以课程为载体，以实践为根基，探索出了一套融合国际前沿理念与本土实践经验的孤独症教育育人体系。

　　为将多年的实践经验转化为系统性的指导，惠及更多的孤独症教育工作者与孤独症家庭，我们倾力编撰了这本《孤独症教育教学指导手册》。本手册以"科学性、实操性、发展性"为核心，共分七章，内容从解析孤独症儿童身心特征与学习特点的"发展性视角"，到动态评估、课程设计、常规建立、情绪行为管理等关键领域，力求覆盖教育实践的全链条，为一线教师提供可落地的行动框架，为家长传递专业化的支持策略。书中每一章节均以实证研究为基础，提炼出来自真实教育场景的成功案例与解决方案，力求实现理论与实践的深度衔接。

《孤独症教育教学指导手册》的诞生离不开多方力量的鼎力支持。山东省教育科学研究院、青岛市教育科学研究院的专家团队全程参与内容的论证，并提供了方向性指导；特别感谢徐云、盛永进、胡晓毅、王淑荣、张婷等国内知名特殊教育专家，以深厚的学术造诣为本手册的科学性保驾护航。2025 年 4 月 2 日，青岛市教育局正式印发通知，将本手册纳入全市孤独症教育改革的核心资源，要求各级教育机构以此为依托，推动课程优化，师资培养与校、家、社协同机制的深化，全面助力区域孤独症教育质量的提升。

我们深知，孤独症教育的复杂性与孤独症儿童的个体差异性决定了任何指导手册都难以做到面面俱到。尽管本手册历经多轮论证与迭代，但仍可能存在局限性。未来，我们将依托"实证反馈－动态优化"机制，通过校、家、社协同共研，多模态数据追踪等方式，持续吸纳前沿研究成果与实践反馈，推动孤独症教育教学内容的精准更新。我们期待与全国的同行携手，在探索中完善，在共享中突破，共同为孤独症教育构建更包容、更专业的支持体系。

孤独症教育之路，道阻且长。唯愿以专业为灯，以实践为径，与每一位同行者并肩前行。

编　者

2025 年 4 月

目　录

第一章　孤独症儿童的发展特征

　　孤独症谱系障碍（autism spectrum disorder，ASD）是一种广泛性神经系统发育障碍，其核心特征主要表现为社交沟通障碍、过分狭隘的兴趣和刻板重复的行为模式。近年来，孤独症发病率呈逐年上升趋势。2023 年，美国疾病控制与预防中心（Centers for Disease Control and Prevention，CDC）最新统计数据显示，孤独症患病率从 2021 年的 1/44 上升到 1/36。据相关统计，我国孤独症发病率为 7‰，目前已有超 1000 万孤独症谱系障碍人群，其中 0～14 岁的儿童有 300 万～500 万，并以每年近 20 万的速度增长。孤独症儿童与典型发育儿童相比，在心理发展、学习动机、学习风格等方面存在显著差异。

第一节 孤独症儿童的心理发展特征

一、认知发展

(一)感知觉

孤独症儿童的视觉敏感度异常,对强光、闪烁或特定颜色过度敏感(如荧光灯、红色/蓝色等),可能引发焦虑或回避行为,或对明暗交替的场景适应困难。孤独症儿童还可能存在视觉信息整合障碍,倾向于关注局部细节(如嘴巴、鼻子等),忽视整体信息(如整个面部五官),这在很大程度上造成其面孔识别能力弱,在与他人社交互动时缺乏目光对视和眼神接触,即使有眼神接触持续时间也很短。除此之外,很多孤独症儿童对动态物体(如移动的人群、旋转的车轮等)异常着迷或感到不安。

孤独症儿童的听觉处理异常,通常呈现两极分化。一方面,孤独症儿童存在听觉敏感,表现为易对特定声音(如吸尘器、警报声、人群嘈杂声等)产生强烈的恐惧或痛苦反应;且存在难以忽略背景噪声,导致其注意力分散,无法专注对话的现象。另一方面,部分孤独症儿童存在听觉低敏,可能因为无法辨别声音的来源,表现为对呼唤名字、指令无反应，仿佛"听而不闻"；此外，他们可能以异常的音量说话，或主动制造重复声音（如敲击物品、哼唱固定旋律等）以满足自身的感官需求。

很多孤独症儿童存在触觉高敏或触觉低敏的现象。有些孤独症儿童可能对触觉刺激的反应强烈，甚至产生抗拒或焦虑。例如，抗拒特定材质的衣服（如羊毛、化纤的衣服），对衣物的标签、接缝或轻微触碰等极度敏感；排斥剪指甲、刷牙等日常活动。有些孤独症儿童可能对触觉刺激的感知较弱，有时会主动寻求高强度的触觉输入。例如，有的孤独症儿童对疼痛、温度的变化反应迟钝；有的则频繁触摸物体表面、喜欢紧贴他人身体或重压身体。

除此之外，孤独症儿童在本体觉、前庭觉、嗅觉和味觉等方面也可能存在异常。本体觉迟钝会导致孤独症儿童不惧高，力度控制差；前庭觉失调会导致错觉（如距离知觉、运动知觉等出现问题）、平衡能力差，走路东倒西歪，经常碰撞东西以及转圈等现象；嗅觉异常导致其回避特定的气味或是对某种气味特别喜欢，或对刺激性的气味（如下水道、垃圾桶发出的气味）无反应；味觉异常导致其对特定味道的固执偏好或回避，出现偏食、挑食等现象。

（二）注意

孤独症儿童的注意力发展异常，常表现为共同注意力缺陷，难以跟随他人视线或手势分享对同一事物的关注；或对某些环境刺激（如噪声、光线等）异常敏感，导致注意力易被无关信息分散或固着。孤独症儿童对视觉信息尤其敏感，使得他们在学习方式上更倾向于视觉学习。孤独症儿童注意力转移的灵活性较低，常固执于固定兴趣或固定流程，难以适应任务切换或突发变化。

（三）记忆

孤独症儿童的机械记忆突出，擅长记忆数字、文字等固定信息，但通常缺乏与具体的现实生活的联系。例如，有的孤独症儿童会机械地重复和模仿一些无意义的数字，对数字的加减乘除等机械运算以及对日历的推算表现出兴趣，然而他们往往无法理解这些数字在现实生活中的实际意义和应用。此外，孤独症儿童在意义记忆方面也存在挑战，他们难以理解和记忆具有抽象意义或情感价值的信息，这进一步限制了他们在社会交往和情感表达上的能力。孤独症儿童的情境记忆能力也较弱，难以形成和回忆与个人经历相关的事件和情境，这可能导致其在社交互动和日常生活情境中感到困惑。

（四）思维

孤独症儿童通常对抽象的概念理解困难，但他们对具体细节的感知却异常敏锐。例如，当提及"水果"时，其思维往往会局限于"妈妈昨天买的苹果"这类具象记忆，而非"水果"的抽象类别概念。"弱中央统合"的思维特点使孤独症儿童在需要观察细微差别的任务上表现出色，但在需要整合信息以理解复杂概念的任务上表现不佳。规则依赖性与认知僵化则会使孤独症儿童常常高度依赖规则，对变化的适应能力较差。也就是说，一旦既定的规则或流程被改变，他们可能会感到极度焦虑。孤独症儿童也常常无法理解隐喻或反语等非字面语言，他们倾向于理解语言的直接和字面意思，进而限制了其理解复杂情感和社交暗示的能力，进一步加剧了他们在社会融入和情感交流上的困难。

（五）想象

孤独症儿童的想象力主要表现为表象思维高度具体化和创造性想象能力薄弱。孤独症儿童对事物的认知往往停留在具象层面，例如，当听到"门"这个字时，他们脑海中浮现的通常是某扇具体存在的门，而难以进行抽象概括或联想延伸。在创造性想象方面，孤独症儿童普遍存在象征性游戏能力缺陷。他们较少出现典型发育儿童常见的"以物代物"行为（如将积木当作汽车），更多的是通过摆弄物品获得直接的感官刺激。即使进入物品功能性使用阶段，也难以开展具有情节性和角色代入的想象性游戏，即便偶有此类表现，也多为刻板重复的固定模式。

（六）语言

孤独症儿童在语言发展的诸多方面存在异常。在语言理解方面，孤独症儿童通常只能理解字面意思，难以理解比喻、隐喻等修辞手法，以及幽默或情感的暗示。在语言表达方面，孤独症儿童通常缺乏正常语言的韵律起伏，句法结构上存在功能性词汇缺失（如混淆人称代词"你""我"），语义层面常出现词义替代（如将"喝水"表述为"吃水"）、词语新造等异常现象。尤为典型的是孤独症儿童有"回声语言"特征，表现为重复之前听到的话语，分为即时性回声（重复刚刚听到的话语）和延迟性回声（重复在过去某一时刻听到的话语）。

二、情绪情感发展

孤独症儿童的情绪情感发展异常主要体现在情绪调节与情感表达异常。孤独症儿童经常出现情绪不稳定的现象，且持续时间较长。在情绪认知方面，孤独症儿童难以通过面部表情、语调变化等社交线索准确识别他人情绪的状态。在自我情绪表达时，孤独症儿童往往采用简单化的躯体反应（如尖叫、拍打等）替代复杂的情感语言表达。在情感依恋方面，孤独症儿童对父母或是亲人、朋友的依恋不足或者这种依恋出现得较晚，但却对某种事物表现出极度依恋。这些情绪情感的特点使得孤独症儿童在社交和沟通上面临更多的挑战。

三、社会性发展

孤独症儿童的社会性发展异常通常表现为多层面的社交功能障碍。孤独症儿童在社交互动中缺乏眼神接触，对他人发起的交流反应淡漠，且极少主动分享兴趣或情感。在非语言交流上，孤独症儿童手势和面部表情的使用显著受限，并且难以解读他人的肢体信号。在情感理解方面，他们识别情绪的能力较弱，可能对他人的痛苦无动于衷，或在不恰当的情境中大笑、哭泣，展现出同理心不足，显得较为冷漠。建立友谊时，孤独症儿童往往缺乏互惠意识，或仅进行单向互动，游戏方式刻板重复，缺乏想象性情节(如不会进行角色扮演等)。共同注意力的缺乏使他们无法跟随他人视线或引导关注目标，而对话时可能表现为机械重复话题、忽视社交规则，导致其难以融入集体活动。

第二节　孤独症儿童的学习特点

一、学习动机

孤独症儿童普遍学习动机薄弱，对周围事物缺乏兴趣，这与其社交障碍和兴趣狭窄有关。其学习任务需要外部提示或辅助才能完成，这与其理解、思考能力不强以及执行能力薄弱有关。其学习状态受情绪和行为影响，遇到不感兴趣或难以理解的内容时常表现出负面情绪，严重影响学习效果。

二、学习风格

孤独症儿童常常首先关注物体的细节和局部，然后逐步进行整合，对细节的记忆更加清晰，对整体的感知较弱。他们较难组合或联系不同的事物形成有意义的概念，不能从生活经验中学习事物的相关性，造成其存在认知困难。

三、学习中的特殊需要

孤独症儿童存在一定的视觉优势，在教学中需要大量运用图片、视频、实物模型等视觉材料，多感官辅助其全面感知事物。他们在执行功能方面存在障碍，当面对刺激性事件时，往往难以抑制自己的行为反应，这种执行功能障碍的根源在于他们心理理论的缺失，即理解和推测他人心理状态的能力不足，需要进行行为干预和心理理论领域的教学。他们在新技能的维持和泛化上也面临着挑战，他们较难做到举一反三，无法将所学技能灵活地应用于不同情境之中，因而需要多样化的练习巩固和场景迁移训练。

了解孤独症儿童的身心特征和学习特点，才能理解其在学习生活中的困难，才能在尊重其特点和需要的基础上，在实际教学中为其提供必要的支持，促进其身心的全面健康发展。

第三节　孤独症儿童的教育理念

孤独症儿童的教育既需遵循普通教育规律，又需针对孤独症儿童的特殊障碍与身心发展特点，满足其个性化教育需求。孤独症儿童的教育不仅是改善其核心障碍，教授其知识技能，更要促进其认知、情感、意志的均衡发展，培养其健全的人格，最终使其实现更好的社会融入。

一、基本理念

（一）以人为本

以人为本的教育理念强调教育公平，确保每个学生都能获得平等的教育机会和资源。教育应以学生为中心，关注其全面发展和个性潜能的挖掘。践行以人为本的理念，教师应将学生视为教学主体，根据其发展水平、需求和兴趣，量身定制教育方案，提供个性化学习资源和支持；教师还应创设多样化的学习场景，如实景教学、劳动实践和社区融合等，帮助学生适应生活环境，融入社会。

（二）因材施教

因材施教理念强调教育的个性化和差异化。通过深入了解学生，设定个性化教育目标，设计个性化教学内容，灵活调整教学方式，为其提供适合的教育。践行因材施教理念，教师需要充分了解每个学生的兴趣、性格、能力水平和潜能等，设定既具挑战性又具可行性的教育目标。同时，根据每个学生的教育需求和兴趣，选择或设计个性化的教学内容、方法和活动，激发其学习动机，提高其学习主动性和积极性。教师还需根据学生的实际需要，灵活调整教学方式和策略。

（三）全人教育

全人教育理念强调突破能力缺陷的单一视角，以其整体生命发展为目标，通过认知、情感、社会性与生活能力的多维培养，促进孤独症儿童作为"完整的人"的成长。在教育实践中，应在尊重孤独症儿童神经多样性特质（如特殊兴趣、感知模式等）的基础上，同步发展他们的核心生存技能（如情绪调节、生活自理等）、社会交往能力与个体潜能（如艺术创造、精密操作等），通过学校教育、家庭教育、康复干预、社会实践的跨领域协同发力，促进其全面发展。

（四）适宜融合

适宜融合强调尊重差异，适宜发展。只有适合每个孤独症儿童发展的教育，才是最公平的教育。适宜融合的关键在于打破不同安置情境、不同学科和不同部门之间不相兼容、不可流动的壁垒，实现各司其职、合作有序，构建多主体协同育人的格局，最大限度地消除孤独症儿童参与学习、生活的障碍，促进其完成最大限度的自我发展和社会融入，共享发展成果。

二、教育的基本原则

(一)社会适应与个体发展相结合

社会参与是每个人社会生活中不可或缺的一部分，对于孤独症儿童来说，帮助其学会与他人合作、理解他人情感、掌握社交技巧和融入社会生活的基本知识与技能等，可以提升其社会适应和参与能力，更好地融入社会。同时，支持孤独症儿童的个人成长和发展。根据个体的特点、兴趣、能力等制订教育目标，提供个性化的教育，培养个体优能、发掘个体潜能、提升个体自我管理能力等，使之成为更独立自主的个体。

通过社会适应和个人发展相结合，培养孤独症儿童与社会环境及他人的互动和融合，可以更好地满足其发展需求，发展其潜能及社会责任感，更有助于其融入社区、参与社会生活，建立良好的社交关系。

(二)障碍改善与潜能开发相结合

孤独症儿童障碍的特点复杂且个体差异大，需要采取特殊的教育支持和教育策略，如制订个别化教育计划（individualized education program，IEP）、使用辅助沟通技术和工具、开展个别化教学等，帮助其提高障碍补偿能力。同时，还要针对孤独症儿童的特点和能力，帮助其发展爱好，开发潜能。潜能开发不仅有助于提升其自尊和自信，还能为其未来的学习与职业发展奠定良好的基础。

障碍改善与潜能开发相结合，可以真正满足孤独症儿童多元发展和全面发展的需求，使其更加积极地面对生活的挑战，更好地融入社会，实现自我价值。

（三）把握共性与尊重差异相结合

孤独症儿童的共性特征明显，如社交沟通障碍、刻板行为、视觉学习优先、情绪行为问题等。了解和把握这些共性特征，有助于教师有效地设计和实施教学，帮助他们克服困难，提高学习效率。每个孤独症儿童又有不同的学习风格、兴趣爱好、认知能力水平和优势领域。需要尊重其个体差异，采用个性化的教学策略和支持措施，更好地满足其学习需求，促进其个性发展。

把握共性与尊重差异相结合，为孤独症儿童提供平等、全面、有针对性的教育支持，创造包容、多元的学习环境，以实现最佳的教育效果。

（四）学校教育与家庭教育相结合

孤独症儿童的生活与学习主要在学校和家庭两个环境中进行。学校教育提供系统、规范的教育康复和管理，帮助其掌握必要的知识技能和生活规则。家庭教育则充分利用家庭环境的资源，增强孤独症儿童在情感方面的满足感和安全感，为其提供更为个性化和多样化的教育支持。

学校教育与家庭教育相结合，二者相辅相成形成教育合力，可以为孤独症儿童提供全方位的支持和帮助，使其获得最佳的学习效果，实现其全面发展。

第二章　教育评估

　　教育评估是根据一定的原则，通过全面的检查、测评或以其他方式测量、鉴别或确定学生特殊需要的活动，是孤独症教育教学中的重要环节。

第一节　教育评估的意义和作用

一、精准识别儿童能力

　　孤独症儿童的个人能力、行为表现和需求差异极大，通过系统评估，可以帮助教师和家长精准识别每个儿童在感知觉、认知、语言、社交等方面的优势、短板和潜能，为个别化的教育支持提供科学依据。

二、检测儿童的发展动态

　　定期的评估能够追踪儿童的进步轨迹，及时调整教育目标与策略，确保教育方案与儿童发展规律同步。

三、促进校、家、社协作

评估过程中，全面了解儿童的发展情况，离不开家长等其他儿童重要社会关系成员的参与。评估结果也为教师、家长、专业人员等提供参考，推动多方在教育目标设定与目标实施中的一致性。

四、优化教育资源配置

通过评估识别儿童的特殊需求，合理分配及优化教育资源（如辅助技术、专业人员支持等），有利于实现资源利用的最大化，以促进对学生的精准支持。

第二节　教育评估的实施

在教育教学实施过程中，教育评估是一个不断调整优化的过程。其实施应遵循以评估儿童发展为起点，制订并实施个别化教育计划，同时在教育教学中持续开展课程本位评估，不断优化课堂教学，最终达到学生发展目标，形成一个螺旋式上升的发展过程。

一、常用的教育评估工具

评估工具的应用能够帮助教师快速找到孤独症儿童能力发展的起点。众多评估工具中，孤独症谱系及相关发育障碍儿童评估心理教育量表中文修订三版(C–PEP–3)、语言行为里程碑评估和安置程序(VB–MAPP)以及基本语言与学习技能评估–修订版(ABLLS–R)较为常用。

(一)C–PEP–3

C–PEP–3是专为孤独症谱系障碍及相关发育障碍儿童个别化评估所设计的,适用于生理年龄12岁以下,而心理功能仅相当于7岁以下的儿童。从C–PEP–3的内容结构上看,包括功能发展量表和病理行为量表两个方面,各部分的内容如附录1所示。C–PEP–3功能发展量表可以提供有关儿童当前发育水平的信息,了解其与典型发育儿童存在的差异,有助于找准儿童的最近发展区,从而为其设定合理的发展目标。

(二)VB–MAPP

VB–MAPP由里程碑评估、障碍评估、任务分析和技能跟踪、转介评估、安置指导和IEP目标5个部分组成,提供了儿童表现的基线水平、障碍评估、技能习得跟踪系统和教育康复指导。其中里程碑评估,涵盖了儿童的语言行为、行为适应、社交集体等16个技能领域、170个里程碑,每个里程碑

还可以直接转化为学生的学习目标。

（三）ABLLS – R

ABLLS – R 用于评估和指导孤独症及语言发育迟缓儿童的语言和基本学习技能，适用于 0～12 岁儿童。它包含基本的学习技能评估、学业技能评估、站在对方的视角考虑自理能力评估和运动技能评估四大模块，细分为 25 个领域，共 544 个项目。该工具内容覆盖语言、社交互动、自理能力、学业和运动技能等多个领域。不仅能评估语言技能，还能评估儿童对环境刺激的反应能力、技能泛化能力、流利度、相互注意、模仿和社交技能等。它对操作者的要求比较高，整体评估用时较长。

C – PEP – 3、VB – MAPP 和 ABLLS – R 三种评估工具各有侧重：C – PEP – 3 聚焦模仿、知觉和精细动作，但缺乏生活技能评估；VB – MAPP 侧重于学前孤独症儿童的语言行为能力，但对学龄段的适用性有限；ABLLS – R 覆盖学习技能、自理及社会互动领域，但条目繁杂，耗时较长。

教师需要结合不同评估工具的特点与教学实际需求，综合选择与使用评估工具。例如，学龄前阶段可以使用 VB – MAPP 为主，重点评估儿童语言行为能力，在语言发展关键期给予儿童针对性的教学，促进其语言能力的快速发展。进入学龄段后，可以重点使用 C - PEP - 3 和 ABLLS - R。C - PEP - 3 有助于教师快速了解学生的发展状况；ABLLS - R 有助于教师详细掌握学生各项能力的发展水平，制订更为细致、全面的 IEP。

除了使用评估工具之外，教师应同步开展课堂观察、家长访谈及情绪行为问题的功能分析，通过"工具评估＋动态观察＋生态评估"的整合模式，弥补单一工具评估的局限性。例如，教师可先用评估工具了解学生的发展状况，再通过两周课堂观察了解学生在特定情境下的实际表现，同时结合对家长访谈了解学生生活自理能力以及家庭生活的表现。对于有情绪行为问题的学生，教师还可以通过行为功能分析行为问题的触发因素。这样的综合评估模式能够确保 IEP 的制订既基于科学的评估数据，又充分考虑了学生的个体差异和实际生活环境，从而制订更加个性化、更有效的 IEP。

二、制订 IEP

IEP 是为满足特殊需要学生独特教育需求而设计的指导性文件。它不仅是教育教学工作的关键指南，而且对学生有效融入学习环境至关重要。通过细致的分析和评估数据，教师能够全面掌握学生的发展需求，为 IEP 的制订提供主要的参照。同时，基于评估的 IEP，强调学生、家长、教师以及相关专业人员之间的合作与沟通。一份完整的 IEP 通常包括以下六部分内容：

（一）基本资料

基本资料涵盖儿童及其家庭的基本信息，如姓名、性别、出生日期、家庭住址、父母联系信息等，还包括儿童的成长史，如健康状况、疾病治疗史、教育康复经历。

（二）评估结果及分析

评估结果及分析包括诊断结果、现有学业成绩和功能表现水平描述，以及障碍对学习生活的影响，这些为课程和教学活动的调适提供了依据。

（三）长期目标（年度或学期目标）

需要明确年度或学期的学习重点，可以分学科或发展领域来呈现长期目标。

（四）短期目标（教学目标）

明确达成长期目标的各阶段性目标，需要有具体的完成步骤和内容。这些短期目标是完成长期目标的保障。

（五）教育与相关支持服务

教育与相关支持服务涉及教育安置方式、课程与教学安排、相关服务（如言语训练、心理辅导等）以及转衔服务（若处于转衔阶段）。

（六）计划推进评估与进展追踪

采用量化评估与质性评估相结合的方式，根据短期目标追踪进展，并根据学生实际表现动态修订目标和策略。

IEP 的制订是一个持续的动态过程，在 IEP 实施过程中，课程本位评估（curriculum – based assessment，CBA）作为一种以课程内容为依托的评估方式，能够为学生在各个阶段的表现提供有力的评估依据。

三、课程本位评估的设计与实施

课程本位评估是特殊教育学校中最常使用的评估方式。与分能力、分领域的评估工具不同，课程本位评估更专注于结合教学的实际，始终保持"与课程一致"的原则，实施教育评估，即"评我所教的，教我要评的"。这一观点与当下"教学评"一致性的观点极为相似。课程本位评估的实施程序包括：

（一）分析课程

分析课程包括明确课程中知识体系和孤独症学生相关能力发展之间的设计安排、评估课程知识体系和学生能力之间的逻辑关系、分析根据课程安排的教学活动，以及评估学生在课程学习上所需的成就表现或能力。

在具体实施过程中，教师可以通过以下几个环节进行课程分析。一是确定学生目前的能力水平。教师可通过分析学生已有的评估报告及观察、访谈等相关资料，了解学生的先备技能、相关学习能力和表现水平。二是选择特定的目标行为和成就标准。教师需重视确认学生学习目标的可观察性，其反映学业成就改变的敏感性以及该目标的效度不会受到经常性测量的影响。这样教师才可能通过频繁施测，及时了解学生目标表现水平的动态变化。孤独症学生的课程需要根据 IEP 而制订，因此分析课程的重点就是分析 IEP 目标。如学生在数学领域的 IEP 学年目标是掌握数的基本概念；学期目标是能从一些数字中，说出比较大或小的数字。我们可以将上述目标具体化：两周内能在随机呈现的 10 以内的 2 个数字中，说出较大的数字，且连续 3 次的正确率为80%。三是决定适当的熟练性标准。根据所评估的不同课程领域，确定需要学生达到熟练学习的不同标准，如正确率多少算是通过、熟练度怎么确定等。

(二)设计评估方法

在上述步骤的基础上，需要设计一套将评估与教学相结合的评估系统。评估需要针对特定的能力或次能力，且易于施行；内容要系列化，以尽可能保证评估结果的可靠性。评估所涵盖的内容包括学生基本信息、评估内容、达成标准等。不同的学科，评估工具的设计也有较为鲜明的学科特点，详见附录2、附录3。根据评估内容的不同，教师可以采用多样化的评估方法，如观察法、纸笔测验法、作品展示法、口头报告法等，多种方法全面评价学生的学习过程和结果。

(三)实施评估

课程本位评估主要包含课后评估和期末评估。课后评估在每节课或教学单元后进行，目标是帮助教师了解学生的掌握情况并调整教学方法及教学内容。期末评估在学期或学年结束时进行，旨在全面评估学生知识、技能和学习品质等方面的成果。其结果有助于教师规划未来的教学和记录学生的进步。

为了全面且真实地反映学生的学习状况，在实施过程中，应当考虑评估主体的多元性。班主任、学科教师、个别指导教师及家长等，均可以成为评估的主体。

（四）做出教学调整

根据评估结果中学生呈现出的目标行为的变化，教师要做出适宜的教学决策。如果数据资料显示学生的进步速度适当，可以维持原有的教学；若学生进步缓慢或表现出高水平的成功率，都应根据具体情况来调整教学方法或教学目标内容。

第三章　课程与教学

孤独症教育相对起步较晚，目前暂无国家颁布的相关课程方案和课程标准。但孤独症儿童与典型发育儿童相比，有其共性，也有其特性。在孤独症教育实践中，可以依托、参照国家课程方案和课程标准，同时考虑满足孤独症儿童的特殊教育需求，进行具体的课程规划和实施。

第一节　孤独症教育课程

一、基本原则

在孤独症教育课程的规划与实施过程中，应遵循以下基本原则：

（一）坚持五育并举

贯彻新时代党对特殊教育的新要求，强调德育、智育、体育、美育和劳动教育五育并举。在课程规划中，应确保"每一育"都能得到适当的关注和培养，以促进孤独症儿童的全面发展。

（二）聚焦关键能力

立足学生终身发展需求，精选课程内容，培养其应对社会文化环境的各种要求和挑战所必需的知识、技能和态度。

（三）变革育人方式

在课程育人的基础上，重视活动育人、实践育人，加强课程与生产劳动、社会实践的结合，倡导"做中学""用中学"，促进知行合一，创新实践育人方式路径，推动学习方式变革。

（四）加强课程综合

加强学科内、学科间的知识整合，通过大单元教学、项目教学和主题教学等形式强化课程内容的整合性与实践性，发展学生在真实情境中解决问题的能力，推进信息科技与生活实践相融合，提升课程协同育人的效能。

二、课程类别及科目设置

国家《基础教育课程教学改革深化行动方案》中指出，在课程实施过程中，要切实加强国家课程方案向地方、学校课程实施规划的转化工作。坚持因地制宜"一地一计"、因校制宜"一校一策"，把国家统一制订的育人"蓝图"细化为地方和学校的育人

"施工图"。因此，孤独症学生的课程设置应在国家教育政策框架下进行。

（一）学前教育段

学前阶段是孤独症儿童身心发展的关键时期。课程设置不仅要注重其全面发展，还要关注其核心障碍的改善。因此，学前教育段课程应以五大领域课程为主，同时设置兼顾满足个体特殊发展需求的选择性课程。

1. 基础性课程

建议以孤独症儿童的生活为基础，立足孤独症儿童的发展规律，以结构化游戏活动为载体，构建可预测、多感官支持的学习环境，最大限度地支持孤独症儿童通过亲近自然、实际操作、亲身体验等方式探索学习，促进其养成良好的品德、行为习惯、安全和劳动意识，健全人格、强健体魄，在健康、语言、社会、科学、艺术等各方面协调发展。

2. 选择性课程

选择性课程主要是针对孤独症儿童的核心障碍以及伴随出现的问题，提供专业的教育支持，充分满足每一名孤独症儿童的个性化教育需求。建议设置感知觉训练、动作训练（粗大、精细动作）、认知能力训练、言语训练、社交沟通训练、情绪行为训练等。

（二）义务教育段

学校应基于国家义务教育课程方案、培智学校课程方案及地方课程要求，结合孤独症儿童的特殊需求，系统构建包含基础性、支持性、拓展性课程的课程体系。

1. 基础性课程

基础性课程应为必修课程，该类课程是基于教育部印发的《义务教育课程标准（2022版）》（以下简称《国家课标》）和《培智学校义务教育标准（2016版）》（以下简称《培智课标》）相关要求而设定的一类课程。基础性课程要保障《国家课标》的校本化落实，实现国家对"培养什么样的人、怎样培养人"的统一规划和要求，保障孤独症学生德、智、体、美、劳全面发展的教育需求。基础性课程建议设置道德与法治、语文、数学、科学、信息科技、体育与健康、艺术、劳动、综合实践活动等科目。

2. 支持性课程

支持性课程以选修课程为主，该类课程是专为孤独症学生设计的康复类课程，旨在对其核心障碍和伴随问题提供个性化的教育支持。支持性课程可设置社交沟通类、感知觉类、情绪行为类、认知类等多种科目。

3. 拓展性课程

拓展性课程是选修课程，该类课程主要培养孤独症学生的优势能力，既能满足其多元化的发展需求，又能树立其自信心，促进其自我意识的发展以及生活质量与生命质量的双提升，使其更有价值地参与社会生活，同时有更多的机会成为对社会有用的人。拓展性课程可结合所在区域的特点、学生的优势潜能及学校师资情况等设置科目，可设置第二语言、运动、艺术、综合实践、科技、社区融合、研学实践、居家泛化等不同种类的科目。课程类别与科目设置汇总如表 3–1 所示。

表3-1 课程类别与科目设置表

类别	科目	年级
基础性课程	道德与法治	一至九年级
	语文	一至九年级
	数学	一至九年级
	科学	四至九年级
	信息科技	四至九年级
	体育与健康	一至九年级
	艺术	一至九年级
	劳动	一至九年级
	综合实践活动	一至九年级
支持性课程	社交沟通类	一至九年级
	感知觉类	
	情绪行为类	
	认知类	
拓展性课程	第二语言	七至九年级
	运动	一至九年级
	艺术	一至九年级
	综合实践	三至九年级
	科技	五至九年级
	社区融合	三至九年级
	研学实践	五至九年级
	居家泛化	五至九年级

三、课程内容的选择与调整

课程的有效性是孤独症课程内容选择与调整必须思考的问题。结合我国当下孤独症教育和课程建设的背景因素，孤独症教育课程内容首先应参考已有的相关国家课程标准，并在此基础上结合孤独症学生的身心特点和发展需求，学校的实际情况、培养目标进行校本化调整。大致可以从以下几个方面入手：

（一）分析课程目标的适宜性

可以通过研读国家已颁布的《义务教育课程方案》和《国家课标》，以及《培智学校义务教育课程方案》及《培智课标》，结合孤独症学生的学习特点和需求，综合制订学校课程目标。在研读课程目标时，需要考虑《培智课标》中的课程目标是否适宜本校孤独症学生，其依据是什么，应该如何调整，以此形成孤独症学生的课程目标。现以生活语文四至六年级"倾听与说话"领域目标为例进行说明，如附录4所示。

（二）根据课程目标调整课程内容

确定孤独症学生的课程目标后，应根据学科逻辑和孤独症学生的学习特点，对课程内容进行适当

的加工和处理，具体如下：

1. 精简

删除课程内容中明显不适合孤独症学生学习的内容；简化原有冗长、复杂的课程素材，缩短学习时长，以适应孤独症学生的认知特点。

2. 改编

对于某些课程素材，若直接删除部分内容，可能会破坏原有的完整性和逻辑性，此时须进行改编。通过对现有课程素材进行重新调整，使其内容更加流畅，更适合孤独症学生的学习需求。例如，在生活语文四年级教材《交通安全很重要》一课中，原句"红灯停，绿灯行，斑马线前仔细瞧"中，"仔细瞧"一词较为抽象，对孤独症学生而言较难理解。如果将该句改编为"红灯停，绿灯行，斑马线前要看清"，使用具象化语言更能匹配孤独症学生的记忆习惯。

3. 浅化

对于课程素材中一些重要的又比较难理解的内容，需要对知识进行浅化处理，使其变得相对容易一些，更能符合孤独症学生的个别化需求。比如，在语文学科中，复杂的句式对中、重度孤独症学生来说比较困难，这就需要对课程素材进行浅化。可以拆分复杂的句式，采用图文结合的形式呈现知识点（如用图片来替代长段文字等）。在数学学科中，可以采用实物（如积木、卡片等）辅助学生更好地学习加减法。

四、课程评价

（一）构建多元化课程评价体系

构建多元化且科学的课程评价体系，充分发挥评价的诊断、激励及导向作用，采用多样化评价方法，促进学生、教师、学校在不同层面的发展。实行学业成绩与学生成长记录相结合的综合评价方式。学校依据目标多元、方式多样、重视过程的评价原则，综合运用观察、交流、测验、实际操作、作品展示、多主体评价等多种手段，为孤独症学生建立全面、动态的成长记录手册，全面反映其成长历程。

（二）实施差异化评价

针对孤独症学生个体差异的特点，采取个体差异的评价方式对不同的学生提出不同的要求。面向不同的学生提供适合其各自水平的评价内容，但不同的评价内容要对每个学生都具有挑战性，使每个

学生通过一定的努力才能成功。差异化评价应符合
全面考查学生的要求，评价内容可涉及知识、思维
能力、解决问题能力、动手能力、态度、情感、意
志等方面。

（三）促进学生全面发展

评价的内容要有助于孤独症学生综合素质的提
高。因此，应根据培养目标与学生的实际情况，整
体设计社会性与情感、认知、语言、自理和运动等
多方面的评价内容，全面反映学生的学习经历和成
长轨迹。根据多元智能理论的要求，在对孤独症学
生进行评价时，应采取多种不同的手段，以适应不
同个体的智能特点，而不应强求统一、实行"一刀
切"的做法。在进行评价测试时，应鼓励学生表现
出创造性思维，不局限于标准答案，鼓励学生发挥
想象，做出有创造性的回答。

第二节　孤独症儿童教学

一、教学原则

（一）适宜性原则

适宜性原则强调教学活动必须适合学生个体的
发展水平、兴趣和能力。一是发展适宜性，基于学

生的认知、语言、社交能力制订个别化的学习目标，通过视觉辅助、结构化环境和动态评估调整教学计划（如简单轮流游戏→复杂社交互动）。二是环境适宜性，优化教室布局以减少感官刺激，利用视觉日程表、实物操作工具和安静调节空间等，或通过灯光和隔音等细节改善学习条件。三是情感适宜性，营造接纳支持学习氛围，通过正面强化鼓励参与，建立清晰规则以减少焦虑，教导学生识别表达情绪，学会自我调节，促进情感的健康发展。

（二）差异性原则

差异性原则是为了满足学生的差异化学习需求。一是进行个性化教学，基于学生的学习风格、兴趣、优势制订教学计划，运用视觉辅助、实践操作或技术工具匹配其学习偏好，并结合其优势领域提升学习动机，帮助其克服挑战，实现自我效能感。二是应用多元教学策略，采用多样化的教学方法和材料，满足学生的差异化需求，包括使用视觉辅助工具、灵活调整教学节奏、提供一对一指导或小组活动等，为其构建包容性学习环境。三是建立动态调整机制，通过定期评估，精准定位学生的需求，确保教学的针对性。持续监控每个学生的学习进程和反应，并根据学生的个体差异和进步情况，调整教学内容、方法和预期成果。

（三）补偿性原则

补偿性原则强调对学生在社交互动、语言沟通、认知能力等弱项上的针对性教学和支持。一方面以优势促弱项，利用学生在视觉记忆、音乐感知等方面的优势作为教学的切入点，通过强化其优势领域的学习来间接促进其较弱领域的发展。另一方面进行针对性教学，针对学生在社交沟通、认知、感觉统合、逻辑思维等方面的具体障碍实施针对性教学。

二、教学方法

（一）支架式教学

支架式教学是一种基于建构主义学习理论的教学方法，其核心在于为学生提供一种概念框架，以促进其对知识的深入理解。这种方法源于心理学家维果斯基的"最近发展区"理论。支架式教学的主要目的是通过逐步提供适当的线索或提示（支架），帮助学生提高问题的解决能力和自主学习的能力，详见附录5。

1. 支架的类型

(1)语言支架：通过提问、提示、解释等方式引导学生思考。

(2)示范支架：通过演示或模型展示任务应该如何完成。

(3)视觉支架：使用图表、图像等视觉工具支持学习。

(4)策略支架：教授和示范解决问题的策略或方法。

(5)情感支架：提供鼓励、安慰和正面反馈。

2. 实施流程

(1)搭脚手架：围绕学习主题，按"最近发展区"的要求建立概念框架。

(2)进入情境：将学生引入一定的问题情境(概念框架中的某个节点)。

(3)独立探索：让学生独立探索。

(4)协作学习：进行小组协商、讨论。尝试解决矛盾、消除分歧，最后共享成果，完成对所学知识的意义建构。

(5)效果评价：包括学生的自我评价和学习小组对成员的学习评价。评价内容包括：①自主学习能力；②对小组协作学习做出的贡献；③是否完成对所学知识的意义建构。

（二）真实情境教学

真实情境教学强调在教学过程中创设真实或仿真的情境，以增强知识学习与学生经验、现实生活、社会实践之间的联系，有助于提高学生的学习兴趣和参与度。真实情境教学应注意的问题有：

1. 真实情境的创设

情境应源于生活，但又不能简单复制，需要对生活情境进行筛选、整合，使其更加聚焦和典型。如学习桂花时，可以通过闻香、观树、尝糕等引导学生深入感知和体验。

2. 教学情境的设计

设计教学情境时，要紧密联系学生需求，打造鲜活且具有内在真实性的情境，不仅要能吸引学生兴趣，还应助力其认知与情感发展。比如，设计"家里来了客人"的情境，可借助客人来访时让座、敬茶、送别的一系列环节，引导学生学习礼貌待客的行为。

3. 教学活动的实施

实施真实情境教学需确保情境的真实性和活动

性，通过角色扮演、问题解决、合作学习等实践形式增强学生的学习体验，帮助其更好地融入情境，并在其中学习和成长。

4. 教学评价与反思

真实情境教学评价注重过程评价与反思性实践，构建"生活、主体、学科"有效性"三位一体"的评价体系。教师根据评价结果和反思，动态调整教学策略。

（三）游戏化教学

游戏化教学通过融入游戏元素与机制提升学习的趣味性与挑战性，改变被动接受模式，以学生主动参与为核心，使学生在游戏的情境中，通过亲身体验获取知识和技能。

1. 游戏元素

（1）目标设定：需设定清晰目标，如通关、高分等学习任务，可分为个人或团队目标。

（2）规则：明确规则以规范行为，保障教学与游戏的有序开展。

（3）反馈机制：建立即时反馈机制（如得分、升级），使学生实时了解学习成果。

（4）竞争与合作：融入竞争机制激发学习动力，

通过合作模式培养团队协作能力。

2. 实施流程

(1)需求分析与目标确定：结合学情与课标明确教学目标，转化为游戏化任务（如知识、技能、情感目标）。

(2)游戏设计与选择：依据教学与学生特点选定游戏类型，设计易懂且能激发学生积极性的游戏规则，将游戏融入教学内容，让学生在玩中学。

(3)游戏准备：安排合适的场地，准备所需材料，保障游戏顺利开展。

(4)游戏导入：通过故事、视频等有趣的方式吸引学生的注意力，明确游戏规则与目标，使学生快速进入游戏情境。

(5)游戏监控与评价：游戏教学时教师要监控进程，观察学生表现，引导学生解决问题，给学生创造展示分享的机会，评估教学效果并优化后续教学。

（四）结构化教学

在教学中，教师需要利用孤独症儿童的视觉优势和对顺序的感知帮助其学习新的知识和技能。教师应根据孤独症学生的学习特点，有组织地、系统地安排学习环境、学习材料以及学习程序，让其按照设计好的结构进行学习。结构化教学既能增加其参与任务的舒适度和动机，又有利于增强其独立完成任务的能力。

1. 结构化教学的基本内容

（1）视觉安排：教师选择和安排视觉化材料，帮助学生利用视觉信息完成活动或任务。视觉安排由3个部分组成，分别为视觉结构、视觉组织和视觉清晰度。视觉结构告诉学生从哪里着手活动，以及完成活动的步骤顺序；视觉组织是有计划地安排空间和材料；视觉清晰度是对重要信息进行强调，以吸引学生的注意力。

（2）环境安排：教师可以用明确的界限来分隔不同的活动和学习空间，帮助学生了解课堂活动、学习任务和环境之间的关系，可以最大限度地提高其对环境的理解，同时减少感官刺激，降低焦虑，提高注意力。

（3）程序时间表：教师可以利用视觉信息解释活动的时间和地点，帮助学生了解当日日程、预测当天活动，避免因活动地点的转移或时间的变化而引起情绪行为问题。

（4）个人工作系统：教师可以安排学生在个人工作区域完成安排的一项或多项学习任务。个人工作系统的有效实行可以帮助其独立开展和计划活动。

2. 结构化教学的实施

在教学实践中，教师需要将结构化教学的重要组成部分进行有机结合，营造一个适合学生发展的学习、生活环境。具体应关注以下几点：

（1）个别化的教学目标和策略：基于对学生的持续评估制订个别化目标与策略，明确干预领域，结合其学习特点与兴趣设计教学方案。

（2）空间、时间和任务的结构化安排：功能化分区管理空间，制订可视化日程表结构化管理时间，增强环境可预测性，使学生明确任务步骤降低焦虑。

（3）提供视觉支持：以图片、流程图等视觉信息替代口语指令，建立视觉化学习系统，适应学生的视觉信息处理优势。

（4）利用儿童的特殊兴趣：将学生的特殊兴趣嵌入教学，吸引其注意力，增强其学习动机与参与度，促进任务完成。

（5）校家合作：校家合作整合教育目标，协调日常安排，学校指导家长实施个别化支持，确保技能泛化与生活的一致性。

除了上述教学方法之外，教师应根据孤独症学生的特点灵活选用适切的教学方法。例如，可使用关键反应教学（pivotal response training，PRT）、自然情境下的教学提升孤独症学生的学习动机；注重遵从孤独症学生的喜好，使用自然强化物，促进其沟通、语言和社会行为的泛化；通过编写贴近孤独症学生生活的社交故事，帮助其理解社交情境，并结合角色扮演和实地练习，增强其应对不同社交情境的能力；使用辅助沟通系统（augmentative and alternative communication，AAC），通过视觉辅助支持非语言学生的表达需求；使用任务分析法、行为塑造等方法将复杂技能分解为小步子多循环的步骤，逐步引导学生掌握所学技能。

"教无定法，贵在得法。"教师需要在教学中尊重学生的主体地位，根据每个孤独症学生的特殊需求，设计运用多样化的教学方法和策略，将学生的特殊需求与教学紧密结合，从而在个性化的支持中实现学生行为与技能的全面提升。

三、教学组织形式

（一）集体教学

集体教学是指教师同时面对班级所有儿童开展教学活动的一种教学组织形式，其特征是在特定的时间内，教师一对多地把儿童限定在相同或相似的活动内。集体教学对孤独症儿童的发展具有重要作用，有助于其在集体环境中练习和泛化从一对一课程中习得的技能，为融入校园生活、学会同伴合作奠定基础。

集体活动的开展旨在通过更加集体化的环境实现孤独症儿童的全面发展和综合提升。集体活动开展之前，学校首先要根据孤独症儿童的生理年龄及实际发展水平对其进行初步分组（分班）；其次，活动内容和目标的选择主要参照班级内孤独症儿童的评估结果和个别化教育计划发展目标综合考量；最后，在实际活动开展中，还应根据班级内儿童的内部差距设置一定的辅助老师，以辅助孤独症儿童更好地完成集体活动。

（二）小组教学

小组教学是教师依据评估结果和教学内容规划、设置，将班级中的学生以学习小组的教学组织手段，通过指导小组成员开展合作学习来进行教学的一种教学组织形式。在小组教学中，教师要特别强调孤独症儿童间的同伴关注和互动，在游戏和活动中着重培养儿童的轮流参与、等待、共同注意力和集体响应等技能，这对提升孤独症儿童的社会交往能力至关重要。

学校根据孤独症儿童的综合发展水平，采取两种小组活动形式：同质分组和异质分组。同质分组是将能力、发展水平和需求相似的儿童组成一个小组，通过合作游戏和社交游戏等主题活动，促进小组成员间的互动与合作；异质分组是由能力差异较大的两名儿童组成，他们在教师的引导下，通过独立作业和结构化游戏活动，进行个性化的学习。这样的分组策略旨在最大化地满足每个儿童的个性化学习需求，同时促进他们在社交互动中的成长和发展。

（三）个别教学

个别教学又称一对一教学，这一教学组织形式下孤独症儿童的学习内容具有很强的针对性。在进行个别教学时教师需要针对每个儿童的特点，投入更多的时间制订和实施个别化教育计划。

个别教学的目标设定应以儿童的能力发展水平为基础，确保学习目标与学生当下的学习水平高度契合。在实施过程中采用如强化、辅助、小步子多循环、创设游戏情境等方式，有的放矢地提升孤独症儿童在指令跟随、语言、沟通、模仿、基础认知等关键功能领域的基础技能。这种高度个性化的教学组织形式既能够实现对孤独症儿童弱势能力的补偿，又能够结合儿童特点最大限度地发展其潜能，为其更顺畅地融入小组和集体活动打下坚实的基础。

集体教学、小组教学和个别教学各有各的优势。实际教学中，这三种教学组织形式并不是绝对分离或孤立的，而是可以根据孤独症儿童的具体情况和教学需求进行灵活组合与转换。例如，除了小组课的设置，也可以在集体教学中引入小组教学的环节，让儿童在小组中实现相对个性化的学习；同时，在小组教学中，也可以针对某些难点问题，安排个别辅导时间，由教师对有困惑的儿童进行一对一的解答和指导。

此外，在个别教学中获得的儿童个体发展数据，也可以为集体教学和小组教学提供调整和优化教学策略的依据，确保教学活动始终贴近儿童的实际需求。同时，在教学内容上，以主题教学内容为载体，结合不同教学组织形式下儿童的能力水平及表现水平设计互通互联的教学目标与内容，也能够促进三种教学组织形式之间在教学内容与方法上的有效衔接。通过这种"三式互联"的教学模式，孤独症儿童不仅能在集体中学会合作，在小组中得到交流与锻炼，还能在个别教学中得到针对性的提升，从而全面提升其社会适应能力和综合素质。

四、教学设计

(一)教学目标设计

1. 分析学情

基于评估结果掌握学生多领域能力发展水平，明确其优势与短板，并结合学科知识技能分析进行分层，确保教学起点适配其个体需求。

2. 分析课标

尽管目前没有专门针对孤独症儿童的国家课程标准，但在设计教学目标和内容时，可以灵活结合普通学校的课程标准和培智学校的课程标准进行分析。

3. 制订具体教学目标

（1）确定教学目标维度。按照加涅或布鲁姆等人的学习结果分类思想，一节课的目标多从知识、能力、情感态度三方面提出，陈述的是学生学习的结果。在制订教学目标的过程中，应避免出现目标不具体、分层过多、几方面脱节等问题。

（2）集体目标与分层目标。集体目标是所有学生都需要达成的共性目标，反映了课程的基本要求和核心内容，确保每个学生在关键领域都能达到一定的基础水平。分层目标则是根据学生的学情分析和能力水平设计的，旨在满足不同层次学生的需求。

（3）具体要求。行为主体明确：所有教学目标均以学生为行为主体，如"学生能够……""学生学会……"等表述。

行为动词准确：使用如识别、说出、模仿、掌握、减少、表现等可测量、可观察的行为动词，便于准确评估学生的学习成果。

行为条件适当：如"在视觉提示下""通过游戏化教学""在5秒内"等条件设定，明确学生完成行为的具体情境和要求。

行为程度合理：根据学生的实际能力和学习进度，设定如准确率达到一定比例、反应时间在一定范围内等行为程度标准，确保教学目标既具有挑战性又切实可行，符合"最近发展区"理念。

（二）教学内容设计

1. 选择教学内容

结合课标与学情分析，兼顾课程要求与个体差异，筛选适配学生的认知水平、兴趣爱好的学习材料。注重生活化（如购物、家务技能等）与趣味性（如故事、游戏、音乐等）设计，通过实际场景应用提升其生活自理与社交能力，激发其学习动力。

2. 呈现教学内容

采用视觉化呈现策略降低学生对语言理解的难度：使用表格、图片、符号等视觉辅助工具展示关键信息（如日常生活步骤图示）。借助多媒体资源（如视频、动画、互动软件等）增强学生的感官体验与互动性，提升其注意力与学习效率。

（三）教学环境设计

1. 物理环境设计

物理环境方面，需要创建一个结构化、有序且支持性的空间。明确区域划分，每个区域都应有明确的标识和用途，固定物品位置，减少视觉干扰，保持教室整洁。

（1）集体教学区：通过开放多样的环境设计支持多名学生同步教学，促进其互动，便于教师观察学生并给予个性化支持。

在布局上，须具备充足的学习、活动、收纳空间；采用桌面式或地毯式（通过玩具架等明确边界）布局，分别适配操作类与非操作类教学需求，帮助学生减少环境干扰并专注学习。

（2）小组教学区：小组教学区是通过2~3人小群体模式实现个性化教学与社交技能培养。

在布局上可与集体教学区共享空间，通过桌椅拼接成紧凑整体，以促进面对面的交流。小组的空间相对独立，可避免相互干扰。教师身后侧方可设教具架，既便于取用材料又可以减少学生分心。

（3）个训教学区：个训教学区布局包含训练区域与储存区域。

训练区域配备儿童专用桌椅，师生对坐保持视线水平，营造亲密支持的互动氛围；储存区域存放书籍、玩具、图片卡等教具与强化物，设置于教师身后，便于取用材料且可以减少学生分心。

个训教学区随学生能力变化可适当调整。如当其难以长时间坐在固定位置时，可采用半圆形桌子靠墙放置，限制其随意走动，随能力提升可逐步扩大其活动范围。个训教学区可设于教室角落，帮助学生渐进式适应集体环境，为其参与小组和集体教学奠定基础。

（4）冷静区：冷静区是专为学生情绪管理设计的，通过封闭或半封闭空间（如帐篷、矮柜隔离等）、软垫地毯、柔和灯光与舒缓音乐营造安静舒适的环境，并配备弹簧玩具等安抚教具帮助其平复情绪。

冷静区是预防性调节空间，允许学生自主选择活动以增强其安全感，有效应对其感觉过载或社交障碍引发的情绪崩溃。

（5）过渡区：过渡区是专为学生设计的活动转换缓冲空间，兼具心理调适与秩序维护功能。

通过配备日程表视觉提示、休息座椅及个人储物柜，帮助其缓解场所或活动转换时的焦虑与刻板行为问题。通常设置于教室门边、角落或走廊区域。

2. 心理环境支持

学生因为社交沟通障碍，与他人建立联系面临诸多挑战，为他们创建充满爱、理解和耐心的人际（心理）环境尤为重要。

（1）师生关系：教师须具备专业知识技能，能运用个别化教学策略，通过同理心沟通、行为观察记录及策略调整，营造支持性学习氛围，助力学生在轻松愉快的环境中成长。

（2）亲子关系：家庭作为核心支持系统，需通过家校协作制订实施教育计划，创造和谐家庭环境，给予孩子充分的关爱支持，采用积极的管教方法，帮助孩子建立行为规范。

（3）同伴关系：通过小组活动、游戏等促进同伴之间的了解和互动，教师和家长通过示范和指导，教会学生社交技巧（如发起和维持对话、合作分享、处理冲突和挫折等）。

（四）教学过程设计

1. 准备阶段

（1）环境创设：构建结构化的教学空间。

（2）教学材料准备：依据教学内容，准备丰富多样的教具和材料。如在认知教学中，准备实物模型、图片、数字卡片、识字卡片等；在生活自理教学中，准备相应的衣物、餐具、洗漱用品等；在社交沟通教学中，准备社交故事书、角色扮演道具、表情图片等。教学材料要具有吸引力、实用性和可操作性，能满足不同教学环节和个体的需求。

2. 导入环节

（1）激发兴趣：以学生兴趣为切入点，通过实物、歌曲、故事、视频等创设教学情境，激发其好奇心与学习动机，使其主动参与教学。

（2）复习与过渡：采用提问、操作演示、游戏等方式回顾旧知识，通过知识衔接自然导入新主题，降低学习适应难度。

3. 主体教学阶段

（1）示范与讲解：可采用视频示范、任务分析等可视化方法，配合简洁语言与肢体动作，清晰呈现知识要点与操作流程。

（2）模仿与练习：学生进行模仿练习，根据学生实际情况提供分层辅助，并逐步减少支持，直至其能独立练习。

（3）反馈与强化：对学生练习过程中的表现应及时反馈强化，增强其自信心和学习动力。对正确行为给予语言表扬、代币奖励等正强化；对错误行为进行温和地纠正并引导重试。

（4）巩固与拓展阶段：设计多种形式的练习活动，巩固所学知识和技能。在学生掌握了基本教学内容后，适当进行拓展和深化。

（5）总结与结束阶段：与学生一起回顾学习的主要内容。设置短暂放松环节（如轻音乐、深呼吸运动、自由活动等）缓解学习过程中的紧张情绪。对学生整节课的表现给予积极评价和鼓励，使其带着愉悦心情结束本次学习。

（五）家庭活动设计

在家庭和社区中进行实践融合，帮助学生将所学知识应用到实际生活中。如课堂上学习了问候、感谢等社交技能，可安排学生在家庭和社区中进行社交互动应用；课堂上学习了整理书包和穿脱衣物等生活自理技能，可要求学生在家里独立完成这些任务，并由家长记录和反馈。教师可设计亲子协作活动（如共同制作餐点、完成家务）强化互动支持，在巩固技能的同时提升独立能力与家庭联结，实现生活化全面发展。

（六）教学评价设计

以课程本位评价为核心构建三级评价机制：

1. 课堂评价

聚焦每堂课教学成效检验，根据学生能力水平设置差异化评价任务。

2. 单元评价

在系列课程后进行，统合检验单元内知识技能掌握情况，评价任务更具有系统性和综合性。

3. 期末评价

全面考量学期学习成果，覆盖各领域能力发展，形成全面进步报告。

通过动态分析评价数据，精准调整教学目标与策略，确保教学始终贴合学生的实际发展需求。

第四章　常规建立

常规是人们在日常生活和各项活动中所应遵循的基本行为规范和准则。孤独症儿童由于社交沟通、重复刻板行为等核心障碍，使得他们对理解并遵守行为规范和准则有很多困难。在学校教育中，要根据孤独症学生的需求，以日常生活学习为主线，进行系统的常规建立，助力他们融入集体，建立良好的社会关系。

第一节　常规的分类

常规主要包括生活常规、学习常规和游戏常规。

一、生活常规

生活常规主要是指学生的生活自理、交往礼仪、自我保护、环境卫生等活动中有关活动内容、时间和程序的明确规定。学校教育中主要涉及学生入校、盥洗、饮水、就餐、睡眠、如厕和离校等环节。建立有序的生活常规，有利于学生形成健康的生活习惯和交往行为，在集体生活中安全、健康、愉快地成长。

二、学习常规

学习常规指学生在学习活动中需要遵守的约定俗成的规则。主要包括学习规范养成和教学依从两方面，学习规范养成包括读写习惯、爱惜书本文具、整理学习用品、举手回答问题等；教学依从包括安坐、倾听、专注力、听从指令、模仿、代币兑换等。建立合理的学习常规，有助于学生在有计划的学习中提升认知和情感体验，为后续学习奠定基础。

三、游戏常规

游戏常规是指学生在不同的游戏活动中形成的游戏规则、行为规范等。其中结构化或半结构化的游戏活动对学生的常规要求较高且比较具体，学生可以通过教师的预设和指导，掌握游戏的功能性玩法。儿童自发参与的非结构化游戏活动对常规的要求比较宽松，重点在于儿童能够在和谐的游戏情境中提高想象力、创造力及交往合作能力，促进其情感、个性的健康发展。

第二节　常规建立的支持策略

一、示范

示范策略通过向学生呈现目标行为，引发其模仿，进而促进其对目标行为的习得，这一策略通常与提示和强化策略结合运用，能够有效促进其学习常规和生活、职业、游戏技能的发展。在示范策略中，最常使用的方法是视频示范，可以对目标行为进行分步录制，形成系列视频材料供学生反复观看学习。

二、结构化支持

建立结构化物理环境，将教室功能区域化，设定清晰的环境界限，以方便学生理解环境变化，适应环境。制订结构化学习、生活程序和规则，借助实物、图片、文字等视觉线索，将作息安排、活动流程和规则要求结构化，帮助学生了解活动安排、预知活动变更，促进其执行常规、发展自我管理。

三、行为矫正技术

在常规的建立中，常使用的行为矫正技术是行为塑造和行为连锁。

行为塑造是通过逐步设定小目标，引导学生逐步接近并最终达到期望的行为模式。例如，对在课堂上不能安坐、频繁离座的学生运用行为塑造。在干预阶段，从其安坐时长的基线开始，通过设定并逐步增加安坐时长，从而实现能安坐目标。

行为连锁是将一系列复杂行为分解成简单的步骤，通过逐一练习和强化，使学生能够连贯完成整个行为序列。比如，在教学生学习洗手、穿衣、叠挂衣服等生活常规，以及扫地、洗抹布、擦桌子等值日常规时都会运用到。

四、语言能力教学

常规的建立与学习离不开语言的表达和理解，更离不开人与人之间的互动沟通。语言能力教学包括听力、发音、命名、阅读、对话和辅助沟通。这些能力常常贯穿常规建立的整个学习过程，特别是在培养基本技能时。对于口语能力弱于语言理解能力的学生，可以通过辅助沟通教学，帮助其建立沟通、执行常规的能力和习惯，从而提升课堂参与度和建立行为规范。

五、多重范例教学

多重范例教学利用丰富多样的实例，助力学生快速掌握新的概念。鉴于学生在理解抽象概念如规则、互动关系上的困难，常规的建立需大量实践练习以巩固技能。采用多重范例，能在短时间内通过具体且多变的范例，有效提升其学习效率。

　　此外，在常规的建立过程中，强化的使用也非常必要。无论是教师还是家长，都可以巧妙使用强化原理，特别是通过表扬和奖励等正面强化方式，给予学生积极的行为支持，鼓励其遵守规则和养成好习惯。这不仅有助于提高学生的常规执行能力，还能增强其自我管理能力。

第五章　情绪和行为支持

　　情绪调控能力涉及控制情绪活动和抑制冲动，其建立在对情绪状态的自我觉知基础之上，能帮助个体摆脱失败或不顺引发的焦虑等消极情绪。孤独症儿童常有情绪调控困难，往往因无法理解自己或他人的情绪状态，难以正确表达或回应情绪而引发消极情绪，进而产生行为问题，影响学习和生活。

第一节　情绪调控

一、孤独症儿童常见的消极情绪

（一）焦虑

　　当日常活动或计划改变时，部分孤独症儿童常会表现出强烈的焦虑。这种过度的焦虑会严重影响他们已有的适应能力，由于难以控制和调节焦虑情绪，他们可能会反复回忆和体验与该情绪相关的事件，却很少表达自己的痛苦或寻求他人的帮助。此外，焦虑导致的回避行为容易被误解，从而引起不

当对待，进一步加剧他们的情绪压力。

（二）抑郁

孤独症儿童会因不被理解和接纳，在社交和生活适应上做出很多无谓的尝试，进而引发消极和无意义感，产生抑郁情绪，变得更加退缩，随后选择独处。与此同时，因为确认和描述情绪的能力欠缺，其抑郁情绪可能通过更为原始的攻击和外化的行为表现出来，而被误认为是愤怒和冲动。

（三）强迫

因缺乏适应变化的能力，孤独症儿童对犯错特别敏感，从而容易表现出强迫的特征。其强迫更多地表现为强迫的行为和仪式性动作，强迫症状和刻板且局限的兴趣及行为结合在一起时，会难以分辨。通常来说，强迫症状是令其苦恼的，而特殊的兴趣是令其愉悦的。

（四）恐惧

许多孤独症儿童伴有感知觉异常，这导致其可能对声音、光线、触觉等感官刺激异常敏感，如打雷、嘈杂的电视声、楼梯的高度、刺鼻的香水味等，这些过度的刺激可能引起他们的不适进而产生恐惧情绪。

二、情绪调控的支持策略和方法

（一）进行情绪认知与表达教学

教授孤独症儿童情绪的认知和表达，有助于他们理解并表达情绪，提升社交和生活质量。教学内容涵盖情绪识别、表达、回应和管理。教学策略包括使用情绪图卡等视觉辅助工具，角色扮演模拟社交场景，以及引导儿童通过替代性辅助沟通方式，如图片或手势等，增强情绪表达能力。

（二）建立稳定的情绪支持环境

环境变化和社交互动对孤独症儿童更具挑战性，因此为其建立稳定的情绪支持环境至关重要。这样的环境有助于他们适应日常生活，减少焦虑，提升社交和学习能力，对其长期发展和社会融入有巨大价值。建立稳定情绪支持环境包括制订规律作息、创造安全空间、加强情感联结等。

（三）促进社交互动和情感交流

促进孤独症儿童社交互动和情感交流的常用方式是组织小组活动，如为其设计适合的社交小组、游戏团体等，通过与其他同学的互动合作，学习情绪共鸣和分享。还可以以儿童兴趣为导向，根据其兴趣和特长设计活动，激发其参与的动机与热情，

在活动中促进其情感交流和社交互动。

第二节　积极行为支持

积极行为支持（positive behavior support，PBS）是一种建立在行为功能基础上的行为干预策略。它主要运用教育的方法来扩展个体的行为技能，发展个体的适应性技能，以长期、有效地预防或减少行为问题，增加适宜行为，提高个人及家庭生活质量。

一、行为功能

实施积极行为支持策略的前提是对行为进行全面且深入的功能评估。行为功能通常可以大致分为获得关注、获得实物、自动正增强或自动负增强（自我刺激）、逃避（逃离）四种。

二、积极行为支持策略

积极行为支持策略根据行为发生的前事、行为表现、行为结果、相关环境因素等，分为生态环境改善策略、前事控制策略、行为教导策略、后果处理策略和其他个体背景因素干预策略等。

1. 生态环境改善策略

用整体生态环境的改变带动个体生存环境的改

善，以促使孤独症儿童行为产生长期的积极改变，生态环境改善策略主要包括：

（1）改变对孤独症儿童的观念和态度：对孤独症儿童有一个清晰且公正的认识，不要因为他的"病"而给其设限或者放任。

（2）营造积极支持的家庭、学校和社区环境：面对孤独症儿童的行为问题应该持有接纳和教育的态度，先为其营造安全、信任的环境，再处理其行为问题，而非以暴制暴。

（3）改变孤独症儿童的生活形态，让其有社会参与感和归属感：包括提升社会角色、帮助建立良好社会关系、为其提供选择与控制的机会、提供参与各种活动的机会等。

2. 前事控制策略

前事控制策略是一种短期预防策略，使用时一方面关注预防情绪行为问题的发生，另一方面注重增加引发积极行为的前事的产生。其策略主要包括：

（1）调整环境因素：包括调节环境中的人（如果行为问题因对特定的人有反应）、物理环境（位置、光、温度、色彩、空间、活动地点、活动时间）、消除前事环境中的诱发刺激、家长或教师对孤独症儿童设定适当的期待等，以减少环境给其带来的不适，从而减少行为问题。

（2）调整任务：主要运用在因逃避功能而产生的行为问题，包括根据儿童能力和兴趣安排活动；调整任务的难易程度、分量；调整任务的呈现和给予方式；调整儿童完成任务的单次时长、完成方式；在做多个任务前给儿童选择的机会；等等。

（3）进行事前预告：包括建立明确、可预测的生活作息日程表；准备一些积极行为提示卡片，告知儿童应做出的恰当行为；采用口头说明、图片/影片等方式提前报告接下来的突发事件，使其有心理准备。

（4）使用非后效增强（non-contingent reinforcement，NCR）：在行为问题没有发生之前，就给予儿童想要的后果，以此来避免不恰当地强化其问题行为。如学生想通过尖叫获得教师的关注，可以在其还未出现尖叫行为之前就因其坐好了或安静了给予其关注。

3. 行为教导策略

行为教导策略能够通过改善学生的行为表现，

帮助其建立积极行为，其策略包括：

（1）辅助：辅助又称提示，是一种在行为进行之前或进行之中给予的刺激。辅助的种类有很多种，平时常用的包括身体辅助、示范辅助、手势辅助、位置辅助、语言辅助、视觉辅助、环境辅助等。

（2）行为塑造：行为塑造是一种通过不断强化接近最终目标行为的一个个小目标，引导个体逐渐形成某种新行为的过程。比如安坐、等待、轮流等行为都可以通过行为塑造习得。

（3）行为连锁：行为连锁是运用强化的策略使多个刺激反应的环节连成一个熟练的复杂行为。如刷牙这个复杂行为，由打开牙膏、拿起牙刷、把牙膏挤到牙刷上、刷牙、漱口、清理台面等环环相扣的环节组成。

（4）行为后效契约：行为后效契约是指教师与学生之间的一种承诺，以促进其积极行为的养成，或减少行为问题。一个有效的契约至少应包括：学生达成的行为目标或者标准；记录行为的方式；学生需要表现的积极行为和教师的职责；学生达到或未达到目标行为的后果；维持积极行为可获得的奖

励；等等。

（5）自我管理：自我管理可以用来监控学生遵守课堂规则，帮助其实现个人目标，通过设定增量目标分解大的学习任务，改变不良习惯或问题行为。教师教授自我管理技能时，可以给学生一张"良好行为清单"，列出相应的行为要求，让学生对照检查自己的行为。此外，还可以利用步骤清单展现所期望的行为，如结交新朋友的行为步骤，鼓励学生表现出预期行为。

4. 后果处理策略

行为发生之后，教师对行为的反应方式即为后果处理方式，后果处理方式影响行为之后发生的概率。后果处理策略的目的是让情绪行为问题无效化，降低其未来发生的概率，并促进良好行为在相似情境下的发生。具体策略包括：

（1）计划性忽略：主要针对无害且为吸引注意力的行为，如学生上课唱歌以求关注。计划性忽略也可称为行为"消退"的干预策略。消退意味着之前被强化的行为不再得到关注，导致行为频率逐渐减少。如果教师停止强化问题行为，其频率通常会下降。但在消退过程中，行为有时会暂时加剧，即

"削弱暴增"。因此，计划性忽略通常需要配合区别性强化等策略来使用。

（2）区别性强化：区别性强化是指对行为问题之外的适当行为进行强化，从而间接减少行为的发生。区别性强化包括区别性强化替代行为、区别性强化其他行为和区别性强化不兼容行为。

（3）反应代价：反应代价是在行为问题发生后，剥夺学生一定数量的强化物，以减少未来行为问题发生的可能性。如停止给予学生特定强化物、撤除其喜爱的活动、限制其选择用品或活动的自由以及扣除代币或积分等。

（4）赞美他人表现的积极行为：引导学生通过观察学习的方式习得在行为问题发生的情境中如何通过积极的行为来达到预期的成果。实施时，要确保赞美的是儿童已掌握的技能，并具体描述期望模仿的行为。同时，应广泛赞美不同个体的良好行为，避免过度集中于个别人或小组。

5. 其他个体背景因素干预策略

积极行为支持主张对行为问题进行多元素的干预，教师还可以从个体的生理、心理以及人本教育等背景因素选择合适的干预方法，包括：

（1）药物使用：当行为问题源于生理问题或精神症状时，药物干预可能是首选之一。然而，教师是无权进行药物治疗的。因此，教师应主动寻求医疗人员帮助，遵循医嘱，并适当调整教室环境和课程内容，以满足个体需求。

（2）营养和饮食控制：孤独症儿童常有偏食现象，可能只吃特定食物或排斥某些食物。有的孤独症儿童对特定食物敏感，如过量糖分或巧克力会导致精神亢奋。这些不当的饮食习惯可能会引起行为问题，调整饮食习惯能在一定程度上减少这些问题。

（3）了解儿童的气质类型：心理学认为人的气质类型具有多样性，因此，干预时可以适当考虑其气质类型，选择合适的干预方法。

（4）建立表达媒介：允许和鼓励学生运用各种媒介如游戏、音乐、舞蹈、绘画等，表达感受和情绪，帮助其解决行为问题。教师可以通过教学帮助学生建立表达媒介，促进其情绪表达。

在积极行为支持实施中，常用策略和方法不限于上述列举内容，需要在实践中不断探索和运用更多有效策略。

第三节　问题行为干预

问题行为是指那些偏离常态，给他人或者自己的身体、生活、学习、工作带来较重影响甚至危害的行为。孤独症儿童常见的问题行为包括自伤行为、攻击行为、刻板行为、课堂干优行为以及由性发育、饮食等引发的其他问题行为。

一、自伤行为的干预

自伤行为是指一些对自己身体造成伤害或不适的行为，如打头、撞墙、咬手指、抓挠皮肤、吃异物等。自伤行为的原因复杂，包括感官调节、吸引注意力、获取物品或避免不喜欢的事物等。自伤行为的干预策略有：

（一）进行感觉统合训练

对因感觉异常而出现自伤行为的学生，可以进行感觉统合训练。具体方法包括：

1. 触觉训练：让学生用手或身体触摸、抓握、揉捏面前不同质地、不同温度、不同形状的物品，如沙子、水、泡沫、棉花等，以刺激其皮肤感受器，提高其触觉信息的处理能力。

2. 前庭训练：让学生通过感受不同方向、不同速度、不同幅度的运动，如摇摆、旋转、跳跃等，刺激其前庭信息的适应和平衡能力。

3. 本体感训练：让学生通过不同强度、不同持续时间、一定范围的压力或拉伸，如按摩、拍打、拉扯等，感受身体各部位的肌肉和关节的状态和活动，增强其对本体感信息的控制和协调能力。

(二)进行行为塑造

将由感觉刺激维持的自伤行为塑造成不具有危险性或程度较轻的行为。如把咬手的行为逐步塑造成咬磨牙棒，把打头的行为逐步塑造成抚摸头部等。

(三)调整任务活动

如果自伤行为是由于获得物品、活动或逃避等功能所维持的，教师可以通过调节教学任务、活动形式的方式来解决这一问题。

二、攻击行为的干预

从行为的操作制约理论来看，大多数的攻击行为都是通过学习而形成的。通常，孤独症儿童表现出攻击行为是为了寻求关注、获取物品或避免外界刺激。攻击行为的干预策略有：

（一）及时制止加区别性强化

当学生出现不恰当的攻击行为后，要先使用温和、平静及坚定的语气，告诉其这样做不对，会令别人受伤。同时，当注意到学生行为有好转表现时，可给予表扬、奖励和关注。

（二）隔离

当学生出现攻击行为后，不能使用暴力手段制止，但可以使用"隔离"的方式，让其安静。例如，让学生独自坐在教师视线范围的某个角落，但不与其互动，以作为对其攻击行为的惩罚。

（三）自我管理

学生有攻击行为，往往说明其自我控制能力不足，特别是在遭遇外部刺激的情况下不能克制。因此，应对其进行自我管理教育。可以教其在应激状态时使用深呼吸、数 123 等方式，或者培养离开造成应激行为环境的主动性等。

（四）功能性沟通训练

功能性沟通训练是以实用目标为导向，通过结构化教学帮助学生建立替代问题行为的有效表达方式。例如，可以用"能不能给我玩一会儿"代替从同学手里抢夺想玩的玩具，或者用自己的零食或玩具

跟同学交换玩具。

三、刻板行为的干预

孤独症儿童常有刻板重复行为，如摇晃、手指摆动、重复话语以及一成不变的行为方式等，这些行为可能是他们应对焦虑和压力的方式。刻板行为的干预策略有：

（一）教导替代性行为

替代性行为是指一些能够满足学生需求的相同或相似功能，但又不会造成负面影响的行为。例如，用捏橡皮泥替代玩手指、用跳绳替代摇晃身体等。教导替代性行为可以让学生有更多的选择，减少其对刻板重复行为的依赖。

（二）调整生态环境

通过调整生态环境，能够激发学生的兴趣、动机，同时促进其学习和发展。例如，根据学生的能力水平安排一些日常生活任务，或者根据其喜好增加游戏、艺术等活动，都可以帮助其积极参与、充实时间，避免其陷入重复刻板行为。

（三）进行预告

可以通过一些清晰的环境提示，对学生的一日流程进行预告，建立结构化和规律化环境，让其感受到安全性和稳定性，减少因焦虑和紧张而产生刻板行为。

（四）进行多方位泛化训练

多方位泛化训练旨在帮助学生将学到的技能和知识应用于各种情境、人物、物品和形式中。比如上学时有意改变交通工具或变化交通路线，以减少学生对上学方式的刻板思维。

刻板行为不仅是一种行为问题，也与孤独症儿童强烈的秩序感有关，教学中可以利用其刻板行为来培养良好的习惯。例如，教他们摆放鞋子，整理图书、报纸等。

四、课堂干扰行为的干预

孤独症儿童的自身障碍使其难以在集体教学中集中注意力，以致经常会出现课堂干扰行为，如随意说话、大喊大叫、离座，甚至出现攻击他人、自我伤害等。这些行为主要出于逃避、寻求关注或获取特定物品和活动。课堂干扰行为的干预策略有：

（一）调整环境因素

调整环境因素主要包括调整学生情境因素、调整课程有关因素、改善学生生态环境等，包括调整座位、建立作息表、调整活动方式等。

孤独症教育教学指导手册

（二）调整课堂任务

调整课堂任务主要包括根据学生的实际情况调整作业难度以及形式，改变学习任务给予方式，降低所学内容的难度等。

（三）使用视觉提示

使用视觉提示是指利用图片、照片、文字和表格等视觉工具，帮助学生通过视觉信息明白当前和未来的任务，提高接收、理解和沟通能力。

（四）区别性强化良好行为

教师要及时、明确地强化奖励学生的课堂良好行为，对其课堂干扰行为则给予忽略。这有助于帮助学生逐渐习得更多的课堂良好行为，减少课堂干扰。

（五）运用辅助

面对课堂上的高难度任务，教师应根据学生需求提供适当的辅助，如提供辅助书写工具、汉字描红材料、语言仿说提示等。此外，影子教师可在不影响授课教师的情况下，全面关注学生注意力和参与度，有效节省教学时间并提供及时帮助。

五、性发育行为问题的干预

孤独症儿童生理发展规律与普通儿童没有太大

差异，他们同样存在典型的身体发育和性驱动，但是由于自身发展的局限，其性发育行为问题比较普遍，如在公共场合暴露生殖器、自慰或不恰当的触摸异性等。这些问题在孤独症儿童发展到青春期时更为复杂，同时也会对其自身的发展以及他人造成危害。对性发育行为问题的干预策略有：

（一）正视性生理需求

孤独症儿童的生理和性需求与典型发育儿童相似，教师正视其性生理需求，了解相关知识是非常有必要的。教师应摒弃负面情绪，以积极的态度应对学生的性发育行为问题，密切观察其异常行为，分析原因，提供适当的教育。

（二）视觉支持策略

可以利用孤独症儿童的视觉优势，为其提供视觉层面的生活化的性教育。例如，教授孤独症儿童身体隐私时，用图片展示不同场景，用红框、绿框分别表示不允许和允许的行为，在教室换衣服是红色（不允许），在浴室换衣服是绿色（允许）。这种视觉支持策略有助于孤独症儿童认识和理解相关知识。

（三）社会故事策略

教师可以利用文字和图片，结合学生的行为问题，创建特定情境，编写社会故事，引导其识别不适当行为并学习适当行为。编写社会故事时，应考虑学生的生活环境和表达能力，使用图片和简单的文字清晰地描述人物、动作和场景。例如，"说话时保持适当距离，别人会开心"。故事讲述后，通过模拟情境练习，强化习得目标行为。

（四）基于功能性行为问题 评估的行为干预

有时把性发育行为作为一种功能性行为来分析也是有必要的。孤独症儿童可能通过某些性行为缓解无聊，尤其在活动太简单或太难时，或者在睡觉前等。通过观察性行为问题的发生过程可以判断其功能。教师需考虑学生是否知道公共场合自慰是不恰当的行为且可能会受罚，或者该行为是否为了获得关注的机会等。教师应先观察记录几天，分析后再制订相应的干预方案。

（五）进行认知教学

孤独症儿童出现性发育行为问题还可能是因为其没有足够的性知识。教师可以利用公共场所和私人场所以及身体部位图片等，帮助学生认识公共场所和私人场所的不同，以及建立与异性交往的规则和边界感。

六、饮食行为问题的干预

孤独症儿童常伴有饮食行为问题，如喂养困难、挑食或偏食等，这可能受其生理和心理因素的共同影响。在生理上，可能有嗅觉/味觉异常或口肌功能障碍；在心理上，可能有知觉特异性或行为刻板。社交沟通障碍也影响他们表达自己的饮食需求和享受进食的过程。教师可以从进食、感知觉异常、口肌锻炼等方面进行饮食行为问题干预。

（一）对饮食行为的干预策略

在饮食行为干预中，首先要发现学生的兴趣点，并用作强化物激发其进食动机。其次，提供多种食物供其选择。最后，明确表扬学生的配合，并用具体的鼓励方式称赞其进食行为。此外，通过行为塑造，引导儿童逐渐接受新食物，从观察到尝试，逐步增加食物摄入量，并通过奖励机制加以强化。

（二）与感知觉异常相关的干预策略

采用以食物为基础的感知觉训练，可以减少对食物的挑剔并增加食物的种类。例如，针对儿童口腔感知觉异常，可以采用舔海苔的方式进行训练；也可以采取一些口腔按摩的手法，如用振动棒按摩口腔内部及唇周、用冰棉签按摩刺激口腔内部及舌根，帮助儿童降低口腔敏感性。总之，促进口腔感知觉正常化，提高其对不同食物的接受度。

(三)与口肌力量相关的干预策略

孤独症儿童因口肌力量薄弱而影响进食，可以使用牛奶和棉签，以及不同质地的食物对其进行口肌训练。

第六章　安全与突发事故处理

校园是学生成长的重要场所，保障学生安全是教育工作的首要前提。由于孤独症儿童身心发展的特殊性、行为模式的不可预测性，及其与环境互动的复杂性，使得安全风险防控与突发事故管理成为一项兼具专业性与紧迫性的重要任务。

第一节　常见安全问题及原因

一、室内环境中的安全隐患

（一）环境创设的隐忧

在学生可接触到的环境中，尖锐或有棱角的物品可能会碰伤或割伤学生，如长钩形的门把手、尖锐的桌角、锋利的小刀等。另外，学生可能出于好奇会把手伸进门缝或插座孔中，过于光滑或有水渍的地面也会导致学生滑倒或摔伤。这些潜在的危险都应当引起重视。

（二）物品管理的疏忽

个别教师因为缺乏安全意识，常将危险物品随意放置，很多时候学生不清楚哪些是危险物品，不清楚会有什么危险，可能会误拿或误食危险物品，例如把消毒液当作普通的水喝了、把药片当作糖果吃掉等，从而造成安全隐患。

（三）行为监控的疏漏

缺乏对学生行为的有效监控也是重要的安全隐患。有的教师可能只关心学生在不在教室，而不关心他在做什么、有什么需求，当学生发生行为问题或出现安全问题时，分析不出问题产生的真正原因。

二、室外环境中的安全隐患

（一）活动场地的危机

学校户外游戏场地中可能会出现地面凹凸不平或者有积水，有碎石子、玻璃碴儿，或者有松动的井盖、带刺的花草等，还有空气中飞扬的尘土、花粉也容易引发学生呼吸道感染、眼部不适、皮肤过敏等各种问题。特别是当活动场地临近停车场或戏水池，以及室外处于天气变化、季节更替时，发生意外的可能性会更大。

（二）运动器械的危险

户外运动器械主要包括攀爬架、滑梯等大型组合玩具以及秋千、跷跷板、转转车等中型玩具。运动器械有的可能本身存在质量问题，有的可能有安装不当、设备老化、年久失修等问题，都容易引发安全事故。此外，学生不合理的使用方式，如倒爬滑梯、在高低杠上倒挂金钟、从高处往下跳等，也会造成安全问题。

（三）特殊区域的事故

室外活动的区域大，教师很难面面俱到，往往给不听安排的学生以可乘之机。楼梯口、拐角处等都是学生发生摔伤、碰伤事故的高发区域，而诸如停车场、水池、厨房等特殊区域可能因为缺少危险标识或围挡，加之学生缺乏安全意识，容易误闯误入，极易发生安全问题。

三、孤独症儿童的特点带来的安全问题

孤独症儿童因存在社交沟通障碍、行为刻板、情绪行为问题、感知觉失调等，常会出现自伤行为、攻击行为等，存在较大的安全隐患。孤独症儿童往往对危险也缺乏足够的认知和判断，这使得他们更容易遭遇安全问题。他们也可能无法正确理解或遵守安全规则，对于潜在的危险行为缺乏自我约束。例如，他们可能会因为好奇而触摸电器、火源等危险物品，或者因为无法判断高度而尝试攀爬高处，导致坠落等意外的发生。此外，孤独症儿童在面对突发情况时，往往缺乏有效的感知和应对能力，容易陷入恐慌或混乱状态，进一步增加了安全事故的风险。因此，针对孤独症儿童的特点，学校需要制订更为细致和周全的安全管理措施，以确保他们的人身安全。

第二节　安全与突发事故的预防与管理

一、安全与突发事故的预防

为有效预防学生在校园内发生安全与突发事故，学校应采取以下措施：

1. 环境优化感官友好设计

减少强光、噪声；设置冷静区供学生调节情绪。

2. 物理防护

安装防撞条、门缝防夹条、软包墙面；锁定危险物品(剪刀、清洁剂)。

3. 动线规划

封闭潜在走失路径(如楼梯口加装安全门)。

4. 安全培训

教师学习识别学生焦虑信号(如捂耳、踱步等);掌握非语言沟通技巧〔图片交换沟通系统(PECS)、手势等〕。

5. 全员应急演练

定期模拟学生走失、情绪崩溃等场景并复盘。

6. 个别化行为支持计划及实施

针对自伤/攻击行为制订 ABC(前因—行为—后果)分析表,替换为功能性替代行为(如用压力球替代咬手)。

7. 日程可视化

通过结构化日程表减少学生因流程变化引发的焦虑。

8. 配备感官工具

根据学生需求提供降噪耳机、加重毯等。

9. 校家协同预防

学校与家长定期沟通学生行为变化与诱因;校家同步实施针对性干预策略(如统一视觉提示工具等)。

二、应急管理流程

(一)现场处理原则

当发生安全与突发事故时,首先应确保学生自身及周围人员安全,然后进行情绪安抚与秩序恢复。在现场处理过程中应冷静应对,避免高声呵斥,要使用平稳语调和简短指令以便学生理解与执行(如"停下,深呼吸")。

(二)标准化应急处置流程及办法

1. 快速评估风险等级并做相应处置

一级(高危):自伤、攻击他人、误食毒物——教师应立即进行物理干预,并通知相关人员启动应急处置机制。(见附录6)

二级(中危):哭闹、离座——由教师引导至冷静角。

三级(低危):轻微刻板行为——暂不打断,课后介入。

2. 实施针对性干预

当学生出现自伤/攻击行为时,可从背后环抱(避免正面冲突),用毛巾包裹尖锐物品;或者播放其偏好的音乐、展示其偏好物以吸引注意力。如果出现学生走失,应启动"校园监控"追踪,优先搜寻高风险区域(水池、电源处等)。

(三)事后处理

在孤独症儿童出现安全与突发事故后,可采用以下处理措施:

1. 医疗支持

外伤立即消毒包扎,误食则保留异物样本并送医处理。

2. 心理安抚

在安全与突发事故发生后(30 分钟内),应由熟悉学生的教师进行一对一情绪复盘(可用社交故事解释事件)。

3. 记录与改进

填写记录表,适当调整个别化行为支持计划。

4. 联络家长

在安全与突发事故发生 2 小时内告知家长详情,并提供处理建议。

第七章　协作育人

协作育人是实现孤独症儿童全面发展的重要保障。孤独症儿童的教育不仅需要学校、家庭、社区等合作，还需要教育、心理、康复等各个领域专家的密切配合，才能提供全面、科学的教育支持，从而满足孤独症儿童多元的教育需求。

第一节　校家协作

一、学校专业支持

学校拥有丰富的专业教育资源，在校家协作中应主动积极地与家庭联系，向家长宣传科学的教育知识和方法，帮助家长创设良好的家庭教育环境，共同商讨、解决家庭教育中的困难和问题。学校对家庭教育的专业支持可以从提供心理咨询、宣传政策法规、开展专业培训等方面进行。

二、家庭教育参与

家长不只是孤独症儿童的监护人，更是孤独症教育工作的合作伙伴。学校要以积极的教育合作态度邀请家长参与学校教育工作，使之成为教育活动中的重要资源。第一，家长可监督学校的教育活动，保障教育的适切性和有效性。第二，家长应提供孩子在家庭、社区中生活与学习等方面的真实信息，并为制订 IEP、改进教育策略、调整教育方法提供反馈。第三，家长应积极主动参与孩子的评估与 IEP 制订，并在家庭或社区带孩子进行社会实践或融合活动。第四，家长要学习家庭教育方法和策略，对孩子进行科学、有效的家庭教育康复。

三、协作方式

学校与家庭的协作可以通过个别或集体的方式进行。个别的方式包含家访、个别交谈、家教咨询、使用家校联系册等。集体的方式包含举行班级家长会、校级家委会、家长学校、家长开放日、活动日等。两类方式各有特点，个别的方式能针对每个学生的具体情况，提供更为个性化和深入的探讨与合作；而集体的方式则能加强家长与教师、家长与家长之间的交流与互助。

第二节　社会协作

一、多专业协同

根据专业分工和孤独症儿童的特殊需求，需要多专业协同，即教育体系专业人员、医疗体系专业人员和社会体系专业人员相互的密切配合。教育体系的服务主要是以孤独症儿童的教育为中心，专业人员主要包括特殊教育教师、从事普通学校特殊班或随班就读工作的教师、特殊教育行政人员等。医疗体系的服务多是由具有执业医师资格证书的医师或治疗师从康复医学的角度对孤独症儿童实施康复治疗，专业人员主要包含物理治疗师、作业治疗师、言语治疗师、心理治疗师、艺术治疗师等。社会体系的服务主要是从社会福利服务的角度为孤独症儿童及其家庭提供相关的支援服务，专业人员主要包括社会工作人员、职业指导人员、社区服务人员等。

二、医学支持服务

医学支持服务主要包含物理治疗、作业治疗、言语治疗和心理治疗。

物理治疗是针对障碍导致的机体功能受损状

况，对人体进行适当的生理刺激，以改善和提高生理功能的一种康复治疗方法。孤独症儿童物理治疗的目的在于预防、评估及治疗其功能障碍等方面的生理问题，主要是评估其在身姿、平衡、移动、感知觉等生理上的障碍状况，通过身姿摆位、放松训练、运动训练等，促进其身体运动（主要是粗大动作）、感知觉统合的发展，减轻因身体障碍带来的问题。

　　作业治疗是针对障碍导致的身心受损状况，通过有目的、经过选择的作业活动与训练，改善和提高生理、心理功能以及环境适应能力的一种康复治疗方法。作业治疗的内容是评估孤独症儿童感觉运动（动作）、感官知觉、动作协调、日常生活等行动功能，通过有意义、难度适中的作业活动训练，改善及恢复其身体机能，协助其学会日常活动的选择、安排与执行，引导其主动积极参与活动，将其潜能诱发出来。

　　言语治疗是由言语治疗专业人员对各类言语障碍者进行治疗或矫治的一种康复疗法，包括对各种言语障碍进行评定、诊断、研究和治疗。言语障碍包括失语症、构音障碍、语言发展迟缓、发声障碍及口吃等。鉴于孤独症儿童是神经性发育障碍疾病，大多存在社交沟通核心障碍，在教育康复过程中，不必过于关注其构音、表达流畅度，而应主要针对其言语功能，以及语言发展问题进行评估和康复治疗，鼓励其表达的主动性，激发其表达的动机。

心理治疗是指运用心理学技术与方法对心理障碍与行为问题进行矫治的一种康复疗法。对孤独症儿童来说，主要内容是进行心理评估及问题的处理，如协助教师解决学生在社会交往、情绪及行为问题上的偏差等；实施心理测评及其他评估和行为观察，并进行问题诊断及评估结果的解释；收集、整合、解释学生行为及其与学习、生活等有关的情况信息；针对心理测验、会谈、行为评估等分析学生的特殊需要；制订及管理学生心理治疗服务方案，针对学生及其家长适时进行心理咨询辅导；等等。

三、拓展教育空间

孤独症儿童的教育需要打破学校空间的限制，充分挖掘社会资源，如社区资源、家长资源等，对这些资源进行开发利用、重组建构和创新发展，使其成为符合孤独症儿童认知特点和发展规律的教育资源。

　　社区资源作为孤独症儿童教育的重要补充，具有丰富性、实践性和情境性等特点。社区中的公共设施如图书馆、公园、医院、超市、饭店、博物馆等，为学生提供了广阔的学习空间。志愿者和社会组织也是重要的教育资源。通过组织志愿者与学生进行互动，可以提升其社交能力和情感交流能力。同时，社会组织的专业人士可以为学生提供针对性的康复训练和教育指导，帮助他们更好地融入社会。

　　家长是孤独症儿童成长过程中的重要陪伴者和教育者。他们不仅了解孩子的性格特点和兴趣爱好，还能为孩子提供个性化的家庭教育。充分挖掘和利用家长资源，对于孤独症儿童的教育具有重要的意义。

　　在充分挖掘、利用社区资源和家长资源的基础上，还要对教育资源进行创新发展，不断拓展教育空间，以满足孤独症儿童多样化的教育需求。可以借助现代科技手段，如虚拟现实、人工智能等，也可以结合我国传统文化和地域特色，开发具有鲜明国风或地域性的教育资源。

第三节　普特协作

一、课程共建与动态适配

特殊教育学校可与随班就读（融合）学校（幼儿园）开展双向渗透的课程设计。随班就读（融合）学校（幼儿园）可为孤独症学生设置社交沟通、情绪管理等课程。特殊教育学校也可根据孤独症学生的能力水平与特点，参考义务教育课程方案和课程标准，对课程内容和课程目标做出适当的精简、补充与替代，增强课程的适配性。学校之间还可实施跨校选课机制，孤独症学生可根据自身能力与需求在特殊教育学校与普通学校间进行"走班"。

二、师资流动与联合教研

特殊教育学校与随班就读（融合）学校（幼儿园）之间可互派教师。特教教师定期到随班就读（融合）学校（幼儿园）指导孤独症学生所在班级的班级管理与课堂针对性教学；随班就读（融合）学校（幼儿园）教师定期到特殊教育学校跟岗学习，学习结构化教学、积极行为支持、社交互动能力提升及学生行为问题处理等内容。学校之间还可建立云端教研共同体，教师通过在线平台共同研课、磨课，还可以针对某个学生的课堂行为共商对策。

三、资源共享与技术支持

特殊教育学校可与随班就读（融合）学校（幼儿园）共享学生个别教育计划、行为观察记录等成长档案，实现教育康复无缝衔接。特殊教育学校可为随班就读（融合）学校（幼儿园）提供专业评估工具库，为孤独症学生提供专业评估，并通过线上平台将课堂教学向普校开放，教师可通过云平台进行观评课。

四、活动共融与文化重构

特殊教育学校可定期组织学生走进随班就读（融合）学校（幼儿园），开展课堂学习体验、节日联欢、校园运动会等融合活动，为学生提供社交技能的自然泛化，挖掘其优势能力，增强自我效能感。特殊教育学校还可组织孤独症学生和随班就读（融合）学校（幼儿园）学生开展联合项目式学习，组织跨校混龄小组完成主题任务，如"绘制校园植物地图"，由普通学校学生承担沟通协调与数据记录任务，由孤独症学生负责绘制地图等。

附　录

附录1　C‑PEP‑3功能发展量表主要内容

功能发展量表(95)	病理行为量表(44)
模仿(10)	情感(6)
知觉(11)	人际关系(7)
精细动作(10)	游戏和物品喜好(6)
粗大动作(11)	感觉反应(14)
手眼协调(14)	语言(11)
认知表现(20)	
口语认知(19)	

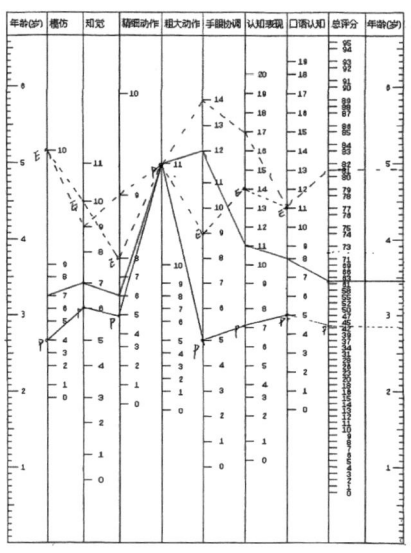

附录 2　生活语文课程本位评估（课后、期末）

教师：＿＿＿＿＿＿

教学目标：＿＿＿＿＿＿

课题名称：＿＿＿＿＿＿

目标领域	分目标				
听指					
认读					
表达与沟通					
书写					
知识拓展					

续表

学生表现

学生姓名	教学目标										课堂表现	
	听指		认读		表达与沟通		书写		知识拓展		注意力	参与度
	目标	达成率	目标	达成率	目标	达成率	目标	达成率	目标	达成率		

评价结果：Y（2）＝独立完成；H（1）＝部分完成（肢体/语言辅助）；N（0）＝不能完成。

课堂表现：Y＝很好；H＝一般；N＝欠佳。

达成率：课后总得分/总分（总分目标标数量×2）。

续表

教师：　**教师1**　　　　学生姓名：　**学生1**
日期：　　　　　　　　　总达成率：

领域	技能	通过率	未完成项目
倾听	注意与倾听	100%	
	正确听指图片	100%	
	正确听指字词	100%	
认读	正确看图说字词	100%	教师
	正确认读字词	100%	正　弓　术　快乐　新年
图文配对	独立完成	100%	
书写	独立书写	100%	
组词	独立完成	90%	部分词语可口语组词，书写需示范后仿写
表达	独立说句子并补充	100%	
社交沟通	社交礼仪	100%	
	沟通前备技能	83%	
	非语言沟通	75%	
	口语沟通	75%	

评价内容

汉字：节 乐 云 雨 雪 风 鸟 虫 花 树 兔 五 向 立 正 坐 弓 国 黑 术 牙 心
齿 笑 跳 白 头 爱 去 玩

词语：贺卡 节日 教师节 快乐 中国 升起 敬礼 立正 民族 古代 中国 四大发明
镜子 五星红旗 上衣 男孩 裤子 做饭 奶奶 头发 好朋友 小河 新年 窗花

句子（看图说话）：9 月 10 日是____。____，我的奶奶有一头____，脸上总是带着____。镜子里的____！爱护牙齿，我们要____。
一____穿着____。我____，他也____，我爱____和____。____，奶奶
送我____，给我____。我爱____！我们一起____。

书写项目：节 乐 云 雨 风 虫 五 立 正 弓 牙 心

组词参考：风——风雨 大风；鸟——小鸟 鸟叫；虫——毛毛虫 虫子；牙——牙齿 刷牙

注：通过率＝所学内容的通过项/所学内容的总量；总达成率＝各项通过率/总项目数。

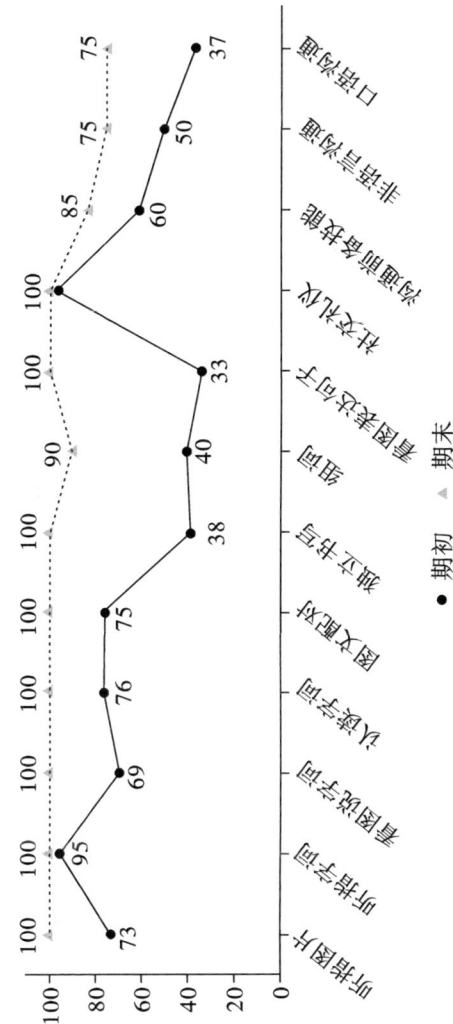

附录3　生活适应课程本位评估(课后、期末)

学生姓名	评价目标	完成情况	教学建议	备注(课堂表现、个别化目标、辅助说明等)
学生1	知识目标:	Y□ H1□ H2□ A□ N□		
	技能目标:	Y□ H1□ H2□ A□ N□		
	情感态度:	Y□ H1□ H2□ A□ N□		
学生2	知识目标:	Y□ H1□ H2□ A□ N□		
	技能目标:	Y□ H1□ H2□ A□ N□		
	情感态度:	Y□ H1□ H2□ A□ N□		
学生3	知识目标:	Y□ H1□ H2□ A□ N□		
	技能目标:	Y□ H1□ H2□ A□ N□		
	情感态度:	Y□ H1□ H2□ A□ N□		
学生4	知识目标:	Y□ H1□ H2□ A□ N□		
	技能目标:	Y□ H1□ H2□ A□ N□		
	情感态度:	Y□ H1□ H2□ A□ N□		

评量代号说明:Y——独立完成、已习得;H1——示范或提示下完成;H2——半辅助下完成;A——全辅助下完成;N——不能完成、未学习。

教学建议代号说明:1暂时搁置;2继续练习;3泛化;4维持。

教学班级：_____　　学生姓名：学生 1　　评价者：教师 1　　日期：_____

续表

评价类型	评价目标	期初分数	期末分数	总体评价	柱状图
知识	认识电热水壶	4	4	期初完成度： 知识：80% 技能：70.8% 总体：72.1% 期末完成度： 知识：100% 技能：95.8% 总体：97.9%	
	认识 5 种安全标识	2	4		
	知道 1 月 1 日是元旦	4	4		
	知道国庆的日期	4	4		
	认识并能准备好刷牙的相关用品	2	4		
技能	能征求许可问：我能和你一起玩吗？	4	4		
	能在别人邀请一起玩时回答"好呀"	4	4		
	能发出邀请说"我们一起玩吧"	4	4		
	知道刷牙的正确方法与步骤	2	3		
	能说出春节的 3 种传统习俗	3	4		
	能从个子、头发两个方面认识并简单描述自己的外貌特征	2	4		
	能从脸形和眼睛两个方面识并简单描述自己的外貌特征	2	4		

代号说明：知识：4——已习惯；3——填空；2——命名；1——听者，指认；0——仿说。技能：4——独立完成（100%）；3——语言辅助（75%）；2——肢体半辅（50%）；1——全辅（25%）；0——无法完成。

103

附录 4 孤独症学生四至六年级生活语文"倾听与说话"

培智目标	目标高/低/适宜	调整后目标	依据
1. 能认真倾听他人讲话，不随意插话	偏高	1. 能够认真倾听他人讲话，理解并执行两步以上指令	孤独症儿童的倾听能力较培智学生弱，且比较随意插话，更容易出现充耳不闻的情况。且能力较差的孤独症儿童仅对单一指令可以理解，但不能主动完成，对多指令则不能理解
2. 能听懂与生活相关的话题，并做出适当的反应	适宜		孤独症儿童在理解词语时能力相对滞后，在提取词义上存在困难，常无法理解话语的意义，特别是难理解表示心理状态、情绪情感的词汇、时态的概念和认知的词汇。与生活相关的简单话题，经过一段时间教学后孤独症儿童能基本达成

附录5　支架式教学示意图

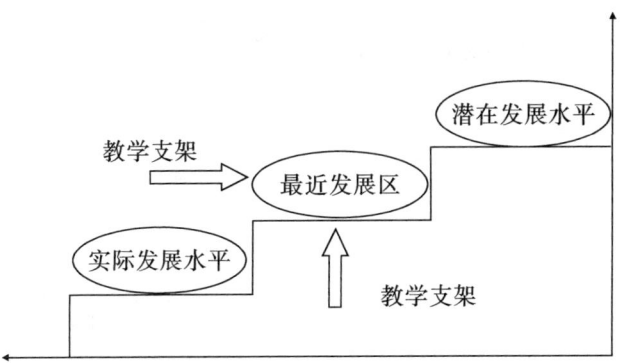

附录6　应急处置流程案例

青岛市晨星实验学校
学生出现情绪崩溃/攻击行为应急处理流程

1.学生A在课堂/课间出现情绪崩溃或异常攻击行为（教师无法独立控制，学生无法尽快排解情绪，场面失控等情况）

2.主课老师/正班主任第一时间将学生A带离（若学生A属于不愿意脱离当前环境的情况，则学生A留在原地，其他学生带离）

2.辅课老师/副班主任给学管处及正班主任打电话后引导其他学生在班内正常上课

3.学管处到现场确认情况，若情况确实失控，第一时间联系分管副校长（若分管副校长不在，联系安全主任）

4.分管副校长或安全主任到现场进行处置，并判断是否需要通知应急处置小组成员共同处理

5.由分管副校长/安全主任、学管处、正班主任共同处理

不需要

需要

5.由学管处通知应急处置小组成员共同进行现场处理